MIZUNO TOKYO
＜ミズノ東京＞

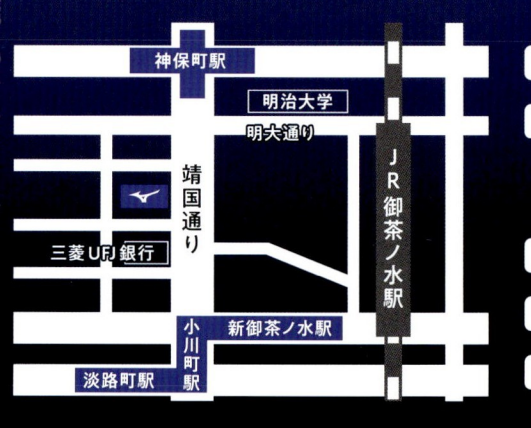

ADDRESS	101-0052 東京都千代田区神田小川町 3-1
ACCESS	JR中央線・総武線「御茶ノ水駅」より徒歩8分 東京メトロ千代田線「新御茶ノ水駅」B5・B7出口より徒歩4分 都営地下鉄新宿線「小川町駅」B5出口より徒歩4分
TEL	03-3233-7000
営業時間	OPEN 11:00 / CLOSE 20:00
店休日	不定休（HPをご確認ください）

jpn.mizuno.com　0120-320-799

その全ては、勝つために

その挑戦も、

その挫折も、

その試行錯誤も、

全ては勝ち取るために。

可能性もポテンシャルも

勝って証明する。

スタンドの熱狂も、

チームの結束も、

勝って歓喜に変える。

あらゆる全てを

勝利へのエネルギーに変えていく。

その全ては、勝つために。

Chiba Lotte Marines 2025

CONTENTS

※所属選手、内容等は 2025 年 3 月 27 日現在

その全ては、勝つために。

81 吉井理人 監督

マリーンズの指揮官として3年目を迎えた。過去、2年連続Aクラスにはなったが満足は
ひとつもしていない。目指すはパ・リーグの頂点ただひとつ。着実に成長を果たしている
選手たちとともに、新時代の監督による2025年シーズンの戦いがはじまる。

「シーズン開幕を前にチームの顔ぶれがそろい、今年はこのメンバーで戦っていくんだとワクワクしています。チームというものは、毎年新たに加わる人、去る人とメンバーが代わり、新陳代謝していくもの。チームとしては1年1年常に完成形があって、そのなかで最高の戦いを目指していくものですが、選手個人に関してはやはり成長というものがあります。今年の春季キャンプでは、実力的にどれだけ伸びるか未知数の選手を多く見ているので、毎日そこを見ているのは楽しいですよね」

3年目のシーズンを迎えた吉井理人は、そう言って目を細めた。新背番号は「81」。新しい年、新しいチーム、今年の石垣島キャンプは伸び盛りの若手やルーキーの西川史礁、宮崎竜成らを石垣島に置き、宮崎・都城には益田、荻野、角中、岡ら "自分のやるべきことをわかっている" ベテランを中心に置いた。

"その全ては、勝つために。"

過去2年、Aクラスで終わるも優勝には届かなかった。今季のスローガンには "勝つ" という言葉が初めて入るが、吉井は選手たちを前に、「全ての日々の行動を勝利に結びつけてほしい」と説明をした。それはこの2年で伝えてきた "主体性" をより明確に打ち出したもの。チームの勝利のために選手一人一人、何ができて、何が足りないのか。その考え方、行動の在り方をより高いレベルで求めることになる。

「より主体性を促すというか、この2年間続けてきたことを、今季も継続していくということです。チームが勝つためには一人一人がどうすればいいのかを考え、行動していかなきゃいけない。そして、そのために自分の行動には責任を持ってほしいんです。そのことは純粋にチームが勝つために必要なことでもある一方、野球界全体の問題としても捉えなきゃいけない。経営者の方々と話をしても、昨今、昔に比べて野球を引退した選手が社会で通用しない、重宝されていないということを聞きます。今の若い世代の子は言われたことはきちんとやりますが、『自分が今、何をするべきなのか』"主体性" を持って考えることが難しくなっているように感じます。この目標はダブルゴールでもあるんです。現役選手としては、野球のパフォーマンスに間違いなく生きてくるし、引退した後だって社会に出て通用する人間になれる。そういうことをプロ野球全体でも

考えていかなければいけないとも思うんですよ」

吉井が言い続けてきた "主体性" は着実にチームに浸透してきている。普段の何気ないコミュニケーションひとつとっても、これまで自分の考えをうまく発言できなかった選手がそれなりに話せるような成長があった。キャンプを見ても、個人の練習に多くの時間が割かれており、選手それぞれが自ら足りない部分を考え、行動を起こしている。その光景は一昨年より昨年、昨年より今年と、ベテラン選手やスタッフに話を聞いても、実感として "変わった" という声が出るところまできている。

「今年もやるべきことは基本的に同じなんですけど、やり方のレベルの質をさらに上げていくこと。若い選手の考え方もだいぶ成長が見られてはいます。だけど、自分の戦術を持っている選手はまだ少ない。試合に入れば個人戦術に関わってくることですからね。自分のストロングポイントや特性を理解し、普段練習に入るときの思考の回し方から、試合の場面場面で自分に何ができるかを考えてもらう。僕はその手助けをしていくのがコーチの役目だと考えていて、去年まではピッチングコーチ以外にはあんまり言ってなかったんですけど、今年は二軍も含め、チーム全体として『選手にしっかり発言させ考えさせ、対選手一人一人に何を指

導したらいいか、みなさんも考えてください」と強く要望を出しています」

　昨年は7月30日西武戦、直前の吉井監督の伝言をヒントに小川龍成が自ら考え、サヨナラセーフティスクイズを決めた試合があった。また、5月の11連勝や、7月10日の6人猛打賞、4試合連続で9回に追いついて延長戦に持ち込むなど、止められない勢いや終盤の粘りを感じさせる試合も増え、吉井が大事にしている"ベンチの雰囲気"とともに、野球の質が少しずつ変わってきているという実感が生まれている。

　「監督・コーチはベンチに居ても空気みたいに感じてほしいと思っていて、選手たちには自由にベンチのムードを作れるように持って行きたいんですよ。昨年は、勝利に対する執着心というんですかね。あの11連勝のときのような雰囲気が『楽しい』と感じてくれている選手が増えてきていることを実感しました。今まではそこまで勝利に対してワクワクしている感じはなかったんですけど、この2年間でその空気はちょっとずつ出てきた。もうちょいやけどな。試合になると、作戦やサインを出すのはこっちなので、失敗したときには、僕の顔をちらっと見て下がっていく選手もいるし、やっぱりまだ監督は決定権を持っていて、選手は絶対的に従わなければいけないという雰囲気は残っている。監督室はいつ来てもいいように開けているんですけどね（笑）」

　吉井の監督としてのアプローチは従来の日本では異端に見える。投手コーチ時代から選手との壁を取り除くことに腐心し、コミュニケーションを重視。選手が力を発揮するための環境づくりを何よりも優先してきた。自身の監督としての変化はどのように評価しているのか。

　「1年目は自分のなかでも様子見の部分が大きかったんですが、去年あたりから『どうせ責任を取るのは自分なんだから、思い通りにやってみよう』と考えるようになりました。ただ、采配や起用では反省することばかりです。特にピッチャーの使い方とか、一軍と二軍の入れ替えももっと選手の調子がいいときに上げられたとか、選手の足を引っ張ったんじゃないかいう反省はいつもあります。そこを修正するには、今まで以上にしっかり選手のことを観察しなきゃいけない。そして、他のスタッフとコミュニケーションをしっかり取りながら、タイミングを判断することが大事かなと思っています」

　モチベーションの持って行き方次第で選手は成長もすれば腐りもする。それは実際に吉井自身が選手時代に経験したものでもある。『自分はできる』という"自己肯定感"は、監督・コーチの声

かけひとつで大きく変わる。それも必要なときに必要なタイミングで行うことが重要で、吉井自身がコーチ・監督となってからは常にそのことに心を砕いてきた。

　ならば、シーズンの冒頭に出す『ファンブック』という選手・球団関係者・ファンが最も目を通す媒体のインタビューで、期待する選手にあえて誰の名前を挙げるのか。吉井はしばし考えると、「投手は小島（和哉）と種市（篤暉）」、「野手は西川史礁」の名前を挙げた。

　「小島と種市の二人は、チームだけではなくて、球界を代表するようなピッチャーになってほしいんですよ。投手陣の柱としてもそうだけど、社会人としても、この二人には大きな期待を懸けています。野手に関しては……みんなボンクラですからね（笑）。西川はまだ観察している段階ですが、コーチも『持っているものがちがう』と絶賛していますし、ゴールデンルーキーだと思っています。同じ右の大砲の山口（航輝）や山本（大斗）らも刺激を受けてモチベーション高くやってくれているし、他の選手たちも一生懸命にやってくれています。今はまだ競争の段階ですけど、ここで突出した活躍をする選手が出てくればね。チームは大きく成長しますよ。ポテンシャルはみんな持っています。きっかけはこちらでうまく作ってあげられるんじゃないかなと思っているんです」

　ここ数年、殻を破れそうで破れない選手が多いなか、きっかけをつかみ、才能を開花させられる選手がどれだけ出てくるか。それが優勝へのカギになることは間違いない。そして、昨年、大きく負け越したホークス、ファイターズの上位2チーム。ここに対してどう戦うのか――。

　「上位チームへの対策は、アナリストが分析してくれていますし、もちろん対策もします。でも、絶対その2チームにだけは負けないという特別視はしません。選手たち個人で思ってくれる分には構わないんですけど、こちらはやっぱり1シーズン、すべての対戦チームのことを考えていますからね。特定のチームだけになっていくと、調整も難しいし、逆に失敗するケースが多い。普段どおり自分たちができることを確実にやればチャンスは来る。これはいつも選手に言うんですけど、失敗するときは、大体切羽詰まったときに、できもしないことをやり出して失敗するんです。それこそ、自分を知って、自分ができることに集中すること。それは僕自身も含めてです。敵を倒すには、自分のできることのなかで最善の方法を見つけられるようにする。我々はこのメンバーで勝てると思うし、差はないと思っています」

　優勝するだけのチーム力はある。あとは、その力を発揮させるためにどれだけ空気を作ることができるか。その全ては、勝つために。吉井は"自身のやるべきこと"として、今季も選手がモチベーション高くプレーできる環境を整えることに全力を注ぐ。それは新しい時代の、新しい監督のスタイルにも映る。

　「僕は"監督らしく"あろうなんて意識はなくて、選手の邪魔をしないようにするだけです（笑）。自分たちの野球をコツコツやって空気を作り、秋に向けてピークをドーンと持っていけるようにしたいですね。"楽しむ"ってよく言うけども、これは説明が難しいんですが、自分が日々考えて行動した結果がどんなふうになるのか、選手たちには、原点に立ち返ってそのワクワクドキドキを楽しんで欲しいなって思うんですよ。見ているファンの皆さんも、この一年、ワクワクドキドキするような試合を楽しんでもらえたらうれしいですね」

「小島と種市の二人は、投手陣の柱として、社会人として、球界を代表するようなピッチャーになってほしい」

WE LOVE Baseball 2025

私たちNPBパートナーはプロ野球を応援します

  LAWSON

一般社団法人 日本野球機構　https://npb.jp

Hello, Chiba!!

千葉ロッテファンの皆様こんにちは、濱田重工株式会社です。

私たち、濱田重工株式会社は、ZOZOマリンスタジアムのバックネット裏に広告を掲載しております。弊社は、国内9拠点、特に千葉県には、君津支店および舞浜営業所があり、ZOZOマリンスタジアムは、この2つの拠点のほぼ中間の場所にあります。これからともに千葉ロッテマリーンズを応援していきたいと思います。よろしくお願いいたします。

千葉ロッテマリーンズ
マーくん
© C.L.M.

濱田重工
ココちゃん

Engineering

HAMADA
濱田重工

Iron and Steel

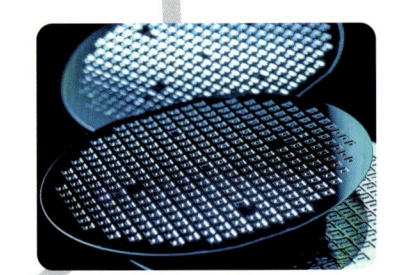

Semiconductor

濱田重工は千葉ロッテマリーンズを応援しています。

濱田重工株式会社

［本社所在地］〒804-0053 福岡県北九州市戸畑区牧山1丁目1番36号
代表取締役社長 松本 豊　https://hamada-hi.com

引っ張る覚悟

7　藤岡裕大

2025年マリーンズの新キャプテンに藤岡裕大が任命された。昨年は悔いの残る
シーズンとなったが、藤岡自身の完全復活とチームの優勝を目指し、グラウンド
で先頭に立ち続ける新キャプテンが、マリーンズを"引っ張る"ことを誓う。

「１シーズン、グラウンドに立ち続けてほしい」
吉井監督からのメッセージはそれだけだったという。

藤岡裕大は、熱い男である。ここ３年はケガのために出場が100試合を割ってしまっている。そのことは誰よりも藤岡自身が悔やみ、反撃への思いを強く持っている。そんなところへ、「グラウンドに立ち続けろ」というメッセージとともに、廃止されていたキャプテンに指名された。燃えていないはずがなかった。
「ケガが多いので本当にやれるかはわからないですけど、期待を背負ってやりたいと思います。キャプテンの理想像はありません。やれることはとにかく何が何でも自分自身がグラウンドに立ち続けることです。その姿であり、結果でみんなを引っ張れるように、強い気持ちで臨みます」
中学生以来のキャプテンである。あのときは何をやったのか覚えてもいない。プロに入って、鈴木大地（イーグルス）、中村奨吾のキャプテンとしての姿を見てきたが、藤岡自身、キャプテンとして自分に求められているものはまたちがったものだと考えている。

"引っ張る"

藤岡裕大が色紙に書いて出した決意表明は、シンプルでありながら、不退転の決意がにじみ出るものだった。
「キャプテンになっても個人的にやることはこれまでと何も変わらないと思っています。若い選手といえども、みんなプロですからね。やらないといけないことはある程度わかっていますよ。ただ、迷ったときには、道を正しい方向に引っ張っていけるようにアドバイスしてあげたい。僕も１年目のころ、道に迷ったときがあると、福浦さん（福浦和也１・２軍統括打撃コーディネーター）ら先輩たちに助けられたことがありました。今自分がその年齢になってきたので、やっていただいたことを同じようにしてあげられたらなと。これまでも若い選手たちと壁を作らないように、普段から野球のことやプライベートのことをちょくちょく話すようにはしています。だから、多分ですけど、僕は話しづらい先輩ではないと思うんです（笑）」
吉井監督は、藤岡をキャプテンに指名した意図を「チームのた

めと藤岡のため、どちらも１歩前に進むために」と話している。藤岡自身、ここ数年の"主体性"を掲げるチームをどう見ていて、その先頭に立つキャプテンの役割をどう考えているのだろうか。
「若い選手でも遠慮なく自分の力が出せる環境。そして、委縮せずみんなすごくのびのびと自分がやりたい練習をやれているように見えます。今の時代にとても合っているんじゃないでしょうか。たとえば、自主トレはみんなテーマを持ってそれぞれ考えてやってきたところがあるので、キャンプに入った途端に練習メニューが強制されてしまうと、そこまでやってきたことが無駄になることもあるんです。もちろん、自分が何をするべきかわからないような若い子もいるとは思います。そういう選手に、ヒントをあげられるような声かけは必要になってくるとは思うんですけど、それも『これが正解だ』と押しつけるのではなくて、それはあくまで提案であり、自分のなかで『合う・合わない』を判断して、よりよくなるための引き出しを増やしてもらえたらいいぐらいに思っています。まあ、でもキャプテンとしては、繰り返しになりますがグラウンドに立ち続けることです。そうしなければ任せてもらった意味がないですから」

断固たる決意。昨年はそれほどに悔しい一年だった。開幕戦は二塁手で出場し結果を残すも、すぐに足のケガで登録抹消。その後も治って昇格してはケガと登録抹消を繰り返し、不本意な結果

に終わってしまった。全試合出場はルーキーのとき、規定打席到達は2021年以来できていない。今年に懸ける思いは人一倍強い。

「去年はとにかくケガが多くて、悔しかったのはもちろんなんですが、あっという間にシーズンが終わってしまい『もう終わりなの?』という感覚でした。オフにケガをしない身体づくりをやるのは毎年やっていることなんですけど、それでもケガをしてしまう。どうすればいいんだろうって……正直悩みましたけどね。今年のオフは走ることを徹底しました。肉離れが多いので、長い距離ではなく、短い距離を速く走ることを意識して。やっぱり走れなくなったらヤバいなという思いがありますからね」

今年も自主トレは例年と同じく、徳之島で同級生の近藤健介(ホークス)らとハードなトレーニングを行ってきた。パ・リーグ最強打者でありながら、さらに上を目指し続ける近藤のあくなき姿勢に今年もまた大きな刺激を受けてきた。

「彼の技術は誰もが認めますが、それ以上にすごいのは向上心です。あれだけの成績を残しても、毎年それを越えようと、さらなるレベルの向上を求めている。同じ左打者でもあるし、得られることの多さもありますけど、自主トレをともにしたい一番の理由はあの姿勢です。やり続けること、越え続けること。いい選手で向上心のない人は一人もいません。そういう見本を間近で見て、吸収してきたことを、うちの若い選手にも還元していけたらと思います」

自主トレでは打撃、特に強い打球を打つバッティングを磨いてきた。今季は全試合出場のほかに、OPS 8割以上を目標に掲げる。一昨年の「幕張の奇跡」をもたらした持ち前の勝負強さとパンチ力に磨きがかかれば、大きな得点力が見込めるようになる。

「打率も大事ですが、出塁率が取れるようになってきた。あとは長打率をどれだけ伸ばせるか。オフの間はそこにフォーカスしてトレーニングをやってきました。率が残る打ち方のなかで、どれだけ長打を打てるか。逆方向に打つよりも引っ張れた方が長打は出やすいですから、どのコースでも引っ張れるようにするにはどうすればいいのか、とか考えながらやっています」

打席で引っ張り、チームも引っ張る。奇しくも今季の目標がダブルミーニングになったが、キャプテンといえども、ポジションは確約されてはいない。ライバルは目白押し。基本的に昨年コンバートされたセカンドでの勝負となるが、サードでの練習も行うなど、言われればどこでも出る覚悟だ。

「去年はセカンドにコンバートされた1年目で、実はめちゃくちゃ緊張していたんです。運動量も多いし、これまでとちがう動きによる大変さと緊張で、ケガにも影響したのかもしれないけど、今年はもう慣れましたし、セカンドの楽しさもわかってきた。でもサードでどうだと言われれば行きますし、ショートだって……正直、未練はめちゃめちゃあります。でも、一番は試合に出続けることです。それがキャプテンを受けた責任だと思っています。ポジションを譲るつもりはないですし、どこであろうと、しっかり試合に出て結果を残すこと。そこに一番こだわっていますね」

チームとして目指すところは当然優勝である。日本一は15年前、ペナントレースの優勝は51年前にさかのぼる。12球団で最も優勝から遠ざかっている歴史を塗り替えるために、現状では物足りないと感じることもある。

「僕たちは勝った経験のない選手がほとんどです。そこが一番難しいところで、昨年のCSファーストステージで敗けたときも、一番悔しそうにしていたのが吉井監督だったんですよ。『それじゃあ勝てないよな』という言葉を呑み込んでいました。勝敗の責任

は監督が取ってくれるとは言いますが、やるのは選手です。勝ちへのこだわりがまだまだ全然弱いんじゃないかってことは感じています。個々のレベルアップは最低限として、みんなが一緒の方向を向いて戦えるか、です。一人でもちがう方向を向いていたら、その時点で強いチームには勝てない。それはキャプテンの役割というよりも、出ている人全員がそういう姿勢であるべき。試合に出ている人には出ている人の責任がある。これは年齢関係ないですよ。大事にしてほしいと思っています」

"その全ては、勝つために。"

インタビュールームの壁に貼られた今季のスローガンポスターの文字を藤岡は、噛み締めるように口にすると、「やっぱりこのチームで勝ちたいですよね」と続けた。

「若いチームですけど、若いということに甘えていたら勝てないと思うんです。僕自身も若いうちは自分のことで精一杯でした。でも全員が少しでもチームが勝つために結果を出すという考え方になってくれば結果も変わりますよ。僕自身もここ数年ですね。自分の結果が出なかったら面白くないけど、それでもいいから勝ちたいと思えるようになったのは。やっぱり、そろそろユニフォームを脱ぐ時期が見えてきた。あと10年やれるかって言われたら絶対にできないですからね。僕はこのチームで勝ちたいんです。このチームの人たちとビールかけをやりたいし、優勝旅行に行きたい。あれだけ応援してくれているマリーンズファンの気持ちは十分伝わっているのに、毎年『優勝します、優勝します』って言いながら、まったく果たせていないですよね。じゃあ、どうすればいいのか。僕たちは、結果を残すことでしか証明できないんですよ。自分の結果は、チームが勝つための結果。今年一年、グラウンドで先頭に立って、勝ちに行きます。見ていてください」

「僕たちは、結果を残すことでしか証明できない。

自分の結果は、チームが勝つための結果。

今年一年、グラウンドで先頭に立って、勝ちに行きます」

PLAYERS FILE

OUTFIELDER

荻野貴司

チームのためにも個々の力が大切
自分もまだまだ成長する

　10月で40歳を迎えるマリーンズ一筋のベテラン。昨季はスタメン出場だけでなく、慣れない途中出場でも、流れを読みながら臨機応変に対応するなど、変わらぬ安定感を見せた。例年以上に熾烈な外野手争いのなかで「1年間けがをしないというのが大前提だと思うので、まずはそこを目標にします」と話している。

　物腰が柔らかく、非常に穏やかな性格で、後輩たちからは"オギさん"と慕われている。年上だからといって偉ぶらず、誰でも声をかけやすい雰囲気が魅力だ。ZOZOマリンスタジアムでは、荻野が地域やファン、チームメイトと何か一緒にできないかと立ち上げた農園『OGI FARM』のキッチンカーが出店。報道陣にカレーや焼き芋シェイクを振る舞ったこともあり、翌日に「美味しかった」と感謝されると、「ありがとうね」と笑顔で返す姿は、紳士そのものだ。そんな温かい人柄の荻野だからこそ、ファンは応援せずにはいられない。

　リーグ優勝のために「野球は最後には投手と打者の一対一になるので、個々の力が大切。個人の成長がチームの底上げになって、いい結果に繋がる」と、いつも口にしている。プロ16年目の今季こそ、悲願のリーグ優勝、そして日本一達成に貢献したい。

Born	1985年10月21日（39歳）
Ht.Wt.	172cm　75kg
T / B	右投げ／右打ち
Pos.	外野手
Birth	奈良県
Career	郡山高ー関西学院大ートヨタ自動車ー千葉ロッテ

0

TAKASHI OGINO

INFIELDER

池田来翔

一軍に定着するために
自分らしく"芯"を持つ

　思い切りのいいスイングが持ち味だ。打線の起爆剤としての活躍が期待され、2023年には一軍昇格後すぐに結果を残してみせた。しかしその後、思うような活躍ができないなか、シーズンを通して"芯を持つこと"の大切さを痛感した。そのために必要なこととして、"自分に合った練習法"を見つけ、"自分がどういう打者なのか"理解し、"自分を知ること"を挙げた。

　今季はプロ入り4年目の26歳。結果を求められる立場だという自覚はある。同学年の安田については「守備位置も同じで、先にプロとして活躍する姿を見ていたので、意識する存在」と話す。プロ入り直後の春季キャンプでも、「グラウンドでは一緒にいることが多いですが、ライバルです」と、お互いにいい刺激を与え合っている。

　複数の内野のポジションを守れるが、特定の場所にはこだわらず、「打って結果を残して試合に出続けて、その場所が自分のポジションになればいいと思っています」と前向きだ。「一軍に定着するような活躍ができるように頑張りたい」と"芯"を持った今季、一軍で大暴れすることを誓う。

Born	1999年12月11日（25歳）
Ht.Wt.	180cm　95kg
T / B	右投げ／右打ち
Pos.	内野手
Birth	千葉県
Career	習志野高－国士舘大－千葉ロッテ

OUTFIELDER

藤原恭大

もっと打てるし、打たないといけない。
チームの顔になってみせる

　新人時代から「レギュラーになって、1年間ずっと一軍にいられる選手でありたい」と話していたが、いよいよ、そのスタートラインに近づいてきた。昨季は故障で出遅れたものの、6月下旬の昇格後は好不調の波が小さく、打率.290をマーク。昨季から試合前練習で、逆方向を意識した打撃練習をルーティン化しており、追い込まれてからはノーステップ打法に切り替え、2ストライク後はセンターからレフト方向を意識して打った。

　練習後に「取材してもいいですか？」と声をかけると、「ちょっと難しいです」と両手で断る素振りを見せたあと、「嘘です、取材お願いします」とニヤリと笑うなど、おちゃめな一面も見せてくれる。しかし、いざ野球の話となると、真剣そのもの。昨季は「つかんだと思えるものがあった」と、軸となる打撃の型を見つけた。「3割前後、二桁本塁打は打てると思いますし、打たないといけない」と新しいシーズンへの自信を見せる。

　「チームの顔になってみせる」と決意を新たに迎えた2025シーズン。本格開花のときが近い。

Born	2000年5月6日（24歳）
Ht.Wt.	181cm　80kg
T / B	左投げ／左打ち
Pos.	外野手
Birth	大阪府
Career	大阪桐蔭高－千葉ロッテ

1

KYOTA FUJIWARA

2

KOU MATSUKAWA

松川虎生

捕手では誰にも負けたくない。
強い心を持って迎える4年目

　田村、佐藤に加え、二学年下には、昨季二軍で存在感を示した寺地も控えており、捕手のポジション争いは熾烈だ。「まわりにはいい選手がたくさんいますが、誰にも負けないようにと思ってやっています」と強い覚悟を持って4年目を迎える。打てる捕手、勝てる捕手など、さまざまな"捕手像"があるが、「打つ、守るの両方ができれば最高ですが、まずは勝つことを一番に意識しています」と語り、チームを勝利に導くことにこだわる。

　昨季はケガの影響もあり一軍での出場は2試合のみ。「納得のいかない、情けない1年でした」と振り返る。秋季練習では「あらゆる面でレベルアップすることがすごく大事だと思います。レベルアップしながら、技術の精度を高めてやっていきたい」と攻守の向上を図り、春季キャンプでは、「とにかく振り込んで、自分の形に持っていけるようにしたいと思ってやっています」と、遅くまで残って打撃練習やウエイトに励む松川の姿があった。「一軍で試合に出て、結果を出さないといけない。4年目はしっかり自分のプレーを出せるように強い心を持ちながら試合に挑んでいきたい」と危機感を持って今季に臨む。

Born	2003年10月20日（21歳）
Ht.Wt.	178cm　98kg
T／B	右投げ／右打ち
Pos.	捕手
Birth	大阪府
Career	市立和歌山高―千葉ロッテ

角中勝也

後悔しないよう
言い訳ができない準備をする

　過去に首位打者と最多安打のタイトルを獲得したバットマンは、昨季も8月まで打率.331をマーク。2ストライクに追い込まれてからノーステップ打法に切り替えるスタイルで打ち、衰え知らずの打撃技術を見せた。今季プロ19年目を迎える38歳だが、チームに欠かせない存在感を放っている。

　選球眼がよく、打つだけでなく、四球を選んで出塁することもできる。昨年5月30日のスワローズ戦では、9回に代打で登場し、フルカウントから粘りに粘って11球目のスライダーを見送り四球で出塁。ポランコの同点打に繋げる価値ある四球を選んだ。

　「リーグ優勝は当たり前の目標。そして後悔がないようにしたい。結果が出なかったときに後悔がないような準備をしていきたい。言い訳ができない準備をする。それが今年のテーマ。そして優勝がしたい」。今季のテーマは"準備"。ホームでは全体練習後に室内でマシン相手に黙々と打ち込み、ビジターでは早出組のバスに乗り込み、ベンチ裏で入念にストレッチを行い、バットを振り準備をするのが、長年続けてきた角中のスタイル。どんな場面で起用されても自分の仕事ができるように備えて、打撃技術と経験値で、今季もマリーンズ打線を支えていく。

Born	1987年5月25日（37歳）
Ht.Wt.	180cm　85kg
T / B	右投げ／左打ち
Pos.	外野手
Birth	石川県
Career	日本航空第二高－四国IL・高知－千葉ロッテ

3

KATSUYA KAKUNAKA

4

ATSUKI TOMOSUGI

友杉篤輝

打撃も守備もレベルを上げたい。目標は全試合出場

昨季はシーズン序盤、一時首位打者につけるなど打撃好調だったが、6月以降は成績を落とし、シーズンを通じては「情けない気持ちしかない」と、納得のいかない結果だった。対左投手と対右投手で使用するバットを変えるなど、試行錯誤を重ねて、昨秋からは900グラムのバットに変更し、「(バットを重くしたが)スイングはむしろ速くなっているので、重いと感じることなく振れている」と手応えを感じている。

ルーキーイヤーから遊撃手を守り、昨季は108試合の先発出場。あまり多くを語らないタイプだが、遊撃手のレギュラーへの思いは強い。センターへ抜けそうな打球も、難なく捕球してアウトにする広い守備範囲を誇り、「確実に取れるところを意識することが大事。守備範囲には自信があるので、さらに広げていきたい」と、さらなるレベルアップを目指す。守備練習では「とにかく基礎をやります。基本的なことが大事です」と、球の握りや送球などをコーチと確認し合う。

レギュラーを不動のものにするために必要なことについては「走攻守全て大事だと思います。去年は打撃、また守備のミスがありました。とにかく本当に今年しかないと思っています。走攻守全てで結果を出せるようにやっていきたいです」と覚悟を見せた。堅実な守備を基点に、自身初の全試合出場を果たしたい。

Born	2000年11月7日(24歳)
Ht.Wt.	171cm 70kg
T / B	右投げ／右打ち
Pos.	内野手
Birth	大阪府
Career	立正大淞南高－天理大－千葉ロッテ

安田尚憲

主軸打者としての姿を見せて
"期待の若手"から卒業

　2017年にドラフト1位で入団してプロ8年目。主軸打者として期待された若者は26歳となり、中堅と呼ばれる年齢に差しかかっている。
「才能がある子。なんとかしてファンのみなさんが期待をしているようなマリーンズの主軸打者にしたい」と、吉井監督が話すように、ファンも、チームも、安田のバットに期待している。昨季限りで現役を引退した井上晴哉さんもその一人。期待の長距離砲として、山口、山本とともに、安田の名前を挙げた。「晴哉さんとは7年間一緒にプレーさせてもらい、やさしい先輩の姿と、主砲としての姿を間近で見てきました。僕自身もレベルアップして、レギュラーシーズンでしっかり成績を残したい」と、安田自身もその期待に応えたいと意気込む。自主トレでは「昨年秋にバッティングコーチ、アナリストの方とこういう方向性でやろうと話をして、時間をかけながらやらなければいけないと思いました。今年の自主トレは一人で、集中していい練習ができたと思います」と、自分自身と向き合いバットを振った。

　自身の打者としての目標は、打点を多く稼ぐ勝負強い"クラッチヒッター"だ。「今年こそしっかりと打ちたい。自分にも期待していますし、ファンのみなさんの期待にも応えられるようなシーズンにしたい」と、今季こそ"期待の若手"を卒業し、主軸打者としての姿を見せたい。

Born	1999年4月15日（25歳）
Ht.Wt.	188cm　100kg
T / B	右投げ／左打ち
Pos.	内野手
Birth	大阪府
Career	履正社高－千葉ロッテ

5

HISANORI YASUDA

7

YUDAI FUJIOKA

藤岡裕大

優勝に向けてチーム一丸となる
そのために行動で引っ張っていく

チームに足りないものを突き詰めて、長打力にこだわった昨季。藤岡はシーズン自己最多タイの5本塁打を放ち、長打率もプロ入り後最高の.353を記録した。それでも「もう少しできたな」と反省し、「ホームランだけでなく、二塁打を増やしていきたい」と、さらなる成長を目指す。打って出塁するだけでなく、四球を選べる出塁率の高さも強みだ。「追い込まれたらボール球を我慢するのは、常に意識しています。そこは自信を持って、今後も続けていきたいです」と語る。このオフも例年通りスイングスピードを追求し、体をつくり、バットを振り込んできた。二塁転向二年目となる今季、ライバルが増えたなかでも、打って自分のポジションをつかみ取るつもりだ。

昨季はペナントレースに大きく影響してくる夏場の8月に月間打率.333（57打数19安打）、1本塁打、6打点の活躍を見せている。今季からはチームキャプテンに就任し、シーズンを通してチームを引っ張っていく。「とにかく試合に出続けることが大事。行動で引っ張っていけるように、強い気持ちを持ってやっていきたいです。若い選手ともコミュニケーションを取りながら、優勝に向かってチーム一丸となり、秋にみんなで笑えるようにしたいです」と思いを語る。

Born	1993年8月8日（31歳）
Ht.Wt.	178cm　86kg
T / B	右投げ／左打ち
Pos.	内野手
Birth	岡山県
Career	岡山理大付高－亜細亜大－トヨタ自動車－千葉ロッテ

8

SHOGO NAKAMURA

INFIELDER

中村奨吾

慣れ親しんだ二塁で
再びレギュラーをつかむ

今年の春季キャンプではノックを受ける選手に「(小川) リューセイ！」、「ガッキー！ (石垣)」と大きな声を出すなど、練習を盛り上げる姿がよく見られた。一方で、試合中はポーカーフェイスを貫くタイプだ。「一喜一憂しても仕方がないですし、感情が揺れるとプレーに影響する。たとえイライラしてもチームにいい影響はないので、次のプレーにすぐ切り替えることが大事」と考えるからだ。

昨季はベンチスタートの日も多かったが「試合前からスタメンで出場するときと同じ準備をして、試合に出ていなくても、自分だったらこういうことを考えながら打席に立つかなとか、状況を見て打席をイメージしている」と、徹底した準備を重ねてきた。試合出場に対するこだわりが強く、「試合に出てなんぼだと思いますし、全試合出場して、チームに貢献したいという思いがある」と語る。ケガを押して試合に出る先輩や、連続出場を続ける選手を見てきた経験が、その強い意志に繋がっている。

今季は志願して再び二塁に挑戦する。過去に3度のゴールデン・グラブ賞を受賞しており、三塁コンバート前の2023年にも同賞を獲得。藤岡、小川、さらには新人の宮崎と、ライバルの多いポジションだが、慣れ親しんだポジションで、もう一度レギュラーをつかみにいく。

Born	1992年5月28日 (32歳)
Ht.Wt.	180cm　86kg
T / B	右投げ／右打ち
Pos.	内野手
Birth	兵庫県
Career	天理高－早稲田大－千葉ロッテ

上田希由翔

1年間を戦い抜く。
まずはそれが自分のやるべきこと

「自分のことを俯瞰的に見ることがある」と話すとおり、プロ2年目ながら、自分と向き合うことに長けている。課題へのアプローチ方法や、それを克服するための練習方法を考えることができ、言語化する能力も高い。「結果が出ることもあれば、出ないこともある。だから、自分のやるべきことを徹底したい。結果が出たとしても、変わらず継続して取り組んでいきたい」と、結果だけに一喜一憂しない達観した一面もある。

　試合前の打撃練習では、打撃投手に頼んでスローボールを投げてもらうことがある。その理由については「緩いボールを自分のスイングポイントに持ってくる意識を高めるためです。タイミングがちょっとズレてきたな、と感じたときに取り入れていますね」と話す。「ピッチャーも打ち取りたい気持ちで投げてくると思うので、タイミングが合わないと感じたら変えることもある」と、相手投手がリズムを変えてきても、臨機応変に対応する力がある。「無理やりではなく、引っ張った打球を打てるときが、いい状態かなと思います」と、プロでの経験を通じて、自分の打撃の良し悪しを把握できるようになった。

　「1年間戦い抜くことが大事。見習うべき選手が多いので、吸収していいシーズンにしたい」と2年目はフルシーズンの活躍を誓う。

Born	2001年8月12日（23歳）
Ht.Wt.	183cm　96kg
T / B	右投げ／左打ち
Pos.	内野手
Birth	愛知県
Career	愛知産業大三河高ー明治大ー千葉ロッテ

10

KYUTO UEDA

PITCHER

澤村拓一

どんな状況でも責任感は変わらない
やるべきことをやる

　昨季は勝ち試合、ビハインドの展開など、さまざまな状況で登板。「やるべきことは状況によって変わらない。大事なのは、自分の心をコントロールし、試合にどう入っていくか」と、与えられた役割を果たした。

　チームが優勝するために必要なこととして「自分の言動に責任を持つこと」を挙げ、「他人任せにする人が多い。自分も含め、気をつけなければいけないし、やらなければならないことはたくさんあるはず」と語る。「共有スペースをきれいに使うのは当たり前。そんなことができなければ、野球をやる以前に、社会人としてベストじゃない」との考えを持ち、自身のロッカーも常に整理整頓。率先して掃除をする姿も見られる。

　ブルペンでは年長組として益田とともにリリーフ陣を引っ張る存在。「年齢は関係なく学ぶところが多いし、ともに成長していきたい」と若手とのトレーニングやコミュニケーションも積極的に行う。あるときは記者にも気さくに声をかけ、「○○を取材したいんだって！」と橋渡し役を進んでするなど、周囲への気遣いも忘れない。グラウンド内外でチームを支える、まさにナイスガイだ。

　「目の前の試合に勝つことだけを考えて、一日を全力で戦う。その積み重ねがないと優勝はできない」と、いつも変わらぬ熱い心を持って試合に臨む。1974年以来となる勝率一位でのリーグ優勝、そして常勝軍団を目指すチームのなかで、今季もベテランリリーバーとして腕を振る。

Born	1988年4月3日（36歳）
Ht.Wt.	184cm　105kg
T / B	右投げ／右打ち
Pos.	投手
Birth	栃木県
Career	佐野日大高ー中央大ー巨人ー千葉ロッテーレッドソックスー千葉ロッテ

石川 歩

まだ見ぬ絶景を求めて。
完全復活のシーズンをめざす

　過去には3度開幕投手を務めた右腕だが、2023年にコンディション不良で開幕投手を回避し、同年10月には右肩の手術を決断。「これで投げてもな、という状態だった。ダメだったらやめると思っていました」と、引退が頭をよぎったときもあった。投球練習の再開は3～4か月後を予定していたが、リハビリ中に多くの支えを受け、順調に回復。2024年4月17日の二軍戦で実戦復帰を果たすと、6月30日には一軍のマウンドへあがった。

　「緊張もしましたし、状態が万全ではないなかで、なんとか投げることができた」と振り返り、669日ぶりの白星を挙げ、お立ち台では久々に「絶景です！」と口にした。「オギさん（荻野）や涌井さん（ドラゴンズ）に言えって言われて。オギさんにアシストしてもらいました」と、その舞台裏を明かした。

　復帰後の投球は、序盤はストレート主体で攻め、打線が二巡目に入ると変化球を交えるスタイル。「もともとそういうタイプのピッチャーなので、真っ直ぐで押せれば一番いいですけど」と涼しい顔で話し、3勝をマークして昨季を終えた。

　復活のシーズンを経た今季は、さらなる飛躍が期待される。完全復活を遂げて、ファンに"まだ見ぬ絶景"を見せてほしい。

Born	1988年4月11日（36歳）
Ht.Wt.	186cm　80kg
T / B	右投げ／右打ち
Pos.	投手
Birth	富山県
Career	滑川高—中部大—東京ガス—千葉ロッテ

12

AYUMU ISHIKAWA

14

KAZUYA OJIMA

小島和哉

とにかくイニング数を稼いで
キャリアハイの成績で優勝に貢献

4年連続規定投球回到達、2年連続二桁勝利を達成するなど、マリーンズのエースへと成長。規定投球回到達については「ローテーションで投げさせてもらっている側からすれば、万が一のときは仕方がないと思いますけど、基本的にローテーションに穴を開けることなく投げることは当たり前だと思っています」と満足せず。今季については「圧倒的なピッチングができるタイプではないので、できるだけ多くのイニングを投げてチームに貢献したいと思っています。具体的には180イニングが目標です。そこだけに集中して、その気持ちでやっていきたい」と話し、「キャリアハイの成績を残して優勝したい」と意気込む。

昨季から加入したソトとは日本語でコミュニケーションをとって打者心理を聞き、"ソト先生"の教えにより好投に繋がったこともある。「去年通用したから同じことをやればという世界ではないと思う。チームの色も変わる。例えば去年相性がよかったから今年も相性がよいのかと言われたら、ちがいます」と、日々アップデート、進化しているからこそ継続して活躍ができる。

「大事な場面で投げて結果を出すことで、自分の価値を上げていきたい」という自身の言葉のとおり、コツコツと毎年結果を積み上げてきている。今季も"左のエース"の価値を示して見せる。

Born	1996年7月7日（28歳）
Ht.Wt.	178cm　85kg
T / B	左投げ／左打ち
Pos.	投手
Birth	埼玉県
Career	浦和学院高ー早稲田大ー千葉ロッテ

PITCHER

美馬 学

野球ができる喜びを胸に
今季こそ"やり尽くす"

　９月で39歳を迎える、投手ではチーム最年長の
ベテラン右腕。自身の投球スタイルについては「調
子がいいときは球数を抑えて投げられるが、悪いと
きは球数がかさみ、短いイニングで降板してしまう。
自分のピッチングはそういうスタイルなのかな」と
分析。少ない球数でテンポよく投げ、クオリティ・
スタート（６回以上３自責点以内）をクリアするの
が持ち味だ。「イニングを投げ切ることが自分の仕
事。途中で代わってしまったら終わりだと思ってい
ます。後のピッチャーに負担をかけないよう、でき
るだけ長いイニングを投げることを常に意識してい
ます」と心がけている。

　マリーンズに入団した当初、「若い投手のお手本
でいられるような投手でいたい」と、語っていたと
おり、若手と積極的にコミュニケーションを取る。
2023年、当時一軍投手コーチを務めていた小野晋
吾さんは、「美馬が二軍調整に来たとき、『森（遼大朗）
にフォークのヒントを与えてほしい』とお願いした。
それがきっかけで森のフォークの落ちがよくなっ
た」というエピソードを明かした。

　昨季は右ひざのケガの影響で３試合の登板にとど
まり、契約更改時には「正直、クビだと思っていた」
と、つらかった１年を振り返った。今季の抱負は"尽
くす"という言葉。若手にはない豊富な経験を武器
にパ・リーグの強打者たちに挑み、大好きな野球を
できる喜びを胸に、やり尽くす。

Born	1986年9月19日（38歳）
Ht.Wt.	169cm　75kg
T / B	右投げ／左打ち
Pos.	投手
Birth	茨城県
Career	藤代高－中央大－東京ガス－ 楽天－千葉ロッテ

15

MANABU MIMA

16

ATSUKI TANEICHI

種市篤暉

進化し続けるフォークで
"奪三振王"を狙う

　昨季は惜しくも2年連続の二桁勝利とはならなかったものの、自身初の規定投球回に到達。エース格と呼べる存在へと成長した。最大の武器は、鋭く落ちるスプリットと落差の大きいフォークボール。ストンと落ちるものやシンカー気味に変化するもの、ストライクゾーンに投げ込むものまで使い分ける。「奪三振王を獲りたい」と、今季は得意球に磨きをかけている。「自分にない感覚の選手が多いので、人の感覚をヒントにするのが好きです。プロ野球という最高の環境でプレーできるからこそ、積極的にみんなに聞いています」と、向上心を持ち、常に上を目指す姿勢は、プロ入り当初から変わらない。昨年は今井達也投手（ライオンズ）から教わり、縦に鋭く落ちるスライダーを習得。シーズン中には今井投手のような速いスライダーをイメージして投げることもあった。投球と同様にグローブも試行錯誤を重ね、昨年5月6日のライオンズ戦からは、同じくフォークを武器とする千賀滉大投手（メッツ）のグローブを使用。シーズン途中からは、そのモデルを基にした大きめのグローブに変更した。

　「あまり振り返ることはないですけど、ノートに書くことで、考えをアウトプットしたいと思っています」と語るのが、プロ入り後から続けている野球日記。種市の投球を支える、大切な習慣だ。日々進化を続ける右腕は、今季さらにワクワクする投球を見せてくれるはずだ。

Born	1998年9月7日（26歳）
Ht.Wt.	183cm　88kg
T / B	右投げ／右打ち
Pos.	投手
Birth	青森県
Career	八戸工大一高─千葉ロッテ

二木康太

一軍で投げないと意味がない。
新たなフォームで再始動

「2年間一軍で投げられていないですし、何か変えた方が
いいかなと監督やコーチと話しました。そのなかで、もっ
と肘の位置を下げて投げるようになりました」と、今季に
向けて、新たなフォーム改革に取り組んでいる。その理由
について、「最終的な目標は肘を下げることではなく、強
い球を投げられる腕の位置を見つけること。腕を下げたら
少し感触がよかったので、秋季練習が終わった12月から
1月にかけて、いろいろ試していました」と説明する。

昨季、田村とファームでバッテリーを組んだ際には、カー
ブを効果的に使った投球を披露。「カーブは頻繁には投げ
ないけど、ストライクが取れるとすごく大きい。配球の幅
を広げられる」と、その価値を実感。若いころはストレー
トの強さにこだわっていたが、現在は「もちろんストレー
トの強さも大事ですが、球速だけではなくて、ファウルを
打たせたり、外野にポップフライを打たせたりできるとき
がいい状態」と話し、さまざまな打者の打ち取り方を考え
て投げている。

キャリアハイの9勝を達成したのは2020年。一軍での
勝ち星は2022年の7月まで遡るが、まだまだ老け込むに
は早い。「一軍で投げないと意味がない。どんな形でも、
一軍のマウンドに立ちたい」と、8月に30歳を迎える右腕
は、悔しさを力に変えて、復活を誓う。

Born	1995年8月1日（29歳）
Ht.Wt.	190cm　85kg
T / B	右投げ／右打ち
Pos.	投手
Birth	鹿児島県
Career	鹿児島情報高ー千葉ロッテ

18

KOTA FUTAKI

19

YUKI KARAKAWA

PITCHER

唐川侑己

"カットボール"を武器に
チームに勝利をもたらす

　先発に復帰した昨季は、2018年7月5日バファローズ戦以来となる先発勝利を挙げるなど、3勝をマーク。リリーフ時代に軸としていたカットボールを先発でも積極的に活用して、チェンジアップ、カーブ、スライダーと、多彩な球種で打者を翻弄した。

　8月10日のバファローズ戦では、唐川が勝利投手となり、同級生の益田がセーブを挙げた。「自分が先発した試合を直也が締めてくれるのは、またちがった喜びがある」と、抱き合って喜んだ。今季は何度この瞬間を迎えたいかと問われると、「何回やってもうれしいこと。自主トレも一緒にやりましたし、より多く味わいたいですね」と、笑顔を見せる。さらに、今はイーグルスのユニホームを着る鈴木大地選手（〜2019・マリーンズ）との対戦についても「同級生なので仲もよいですし、刺激を与えてくれる存在。対戦するのも楽しいです」と、移籍から5年が経った今も力が入る。

　唐川の代名詞といえば"カットボール"。「ひとつの球種を武器にするには、自分のなかでプライドを持って取り組むことが必要かなと思います。カットボールは自分にとって一番よいボールだったので、どんどん投げていく形になりました。先発になっても、それが軸であることには変わりない」と、今季も投球の生命線とする考えだ。いつ見ても美しい、しなやかな投球フォームで、クールに抑えて見せる。

Born	1989年7月5日（35歳）
Ht.Wt.	181cm　80kg
T／B	右投げ／右打ち
Pos.	投手
Birth	千葉県
Career	成田高一千葉ロッテ

石川柊太

球場の追い風を受けて
チームを勝ちに導く

先発の柱を担うべく、今季FAでホークスから加入した。移籍の決め手は「現場とフロントの一体感が、自分のなかで熱意として伝わってきた。それが一番大きかった」と話す。入団に際しては「妻ともたくさん話しましたし、交渉の場にも同席してもらいました。福田秀平さんや松田宣浩さんにも話を聞きました」と、多くの人に相談した。入団発表後に最初に連絡をくれたチームメイトは小島。「なんでも聞いてくださいと言って気を遣ってくれて、すごくありがたかった」と感謝している。

ZOZOマリンスタジアムとは相性がいい。「もともとマウンドや雰囲気が好きで、投げやすい球場と感じている」と、昨季終了時点で通算18試合に登板して7勝1敗、防御率2.47を記録している。「それ(好成績)は運もある」としながらも、「ホームで戦えるのは、プラスに働く」と話した。吉井監督も「先発として1年間投げてくれる投手。マリーンズに必要な選手」と期待を寄せる。

ファンに対しては、「石川と呼ばれるより、柊太と呼んでほしいと思っていました。ぜひ柊太と呼んでください」とリクエスト。スタジアムでは"柊太"コールで応援しよう。

Born	1991年12月27日(33歳)
Ht.Wt.	185cm　88kg
T / B	右投げ／右打ち
Pos.	投手
Birth	東京都
Career	総合工科高－創価大－福岡ソフトバンク－千葉ロッテ

21

SHUTA ISHIKAWA

決断の理由

21 石川柊太

石川柊太が来た。ソフトバンクホークスの叩き上げ主戦投手。テンポよく投げ込む
剛球に代名詞のパワーカーブ。ZOZOマリンスタジアムで抜群の強さを誇る男が、
なぜマリーンズに加わったのか。その決断、決意、哲学を語る。

「決断の理由。そうですね、悩んだかと聞かれればそこまで深刻ではないし、悩まなかったのかと聞かれても、決してFAを軽く捉えているわけじゃない。ホークスという球団は大好きでしたけど、僕は相手がどうこうよりも、自分の主観を大事にしてきました。FAを宣言する決断にいたったことは、自分のなかでそう決めたからですね。もちろん理由は段階的にあって、ひとつではないんですけど、11年やってきて、"まだ経験していないことはある"と感じたこと、"新しい自分を探しにいく"こともそのうちのひとつ。そもそもこれまでの生き方としても、新しい何かに挑戦することにハードルがないタイプだったので、FAを使って移籍することにも意外と抵抗なく、すんなりという感じでしたね」

真新しいマリーンズのユニフォームに身を包んだ石川柊太が理路整然と語る。33歳。キャリアは十分。だが、最初から用意されたエリート街道を歩いてきたわけじゃない。無名の都立高校から大学へ進学。育成選手としてのプロ入団から、リーグを代表するピッチャーになるまで、常に新しい道を切り拓いてきた。

「だからこそ、過去の自分には固執しないんでしょうね。苦しいこと、楽しかったこと、名残惜しいという感情はもちろんあっても、生き方としては前しか向いていないです。チームが変わると言っても極論を言えばホークスにいたって、毎年同じチームではない。戦う仲間もちがうし、同じシーズンはふたつとしてない。そして、FAで外に出てもちがう戦いがあります。それを現実的に比較してみたとき、外に出た方が、自分にとって経験としてすごくプラスになると感じたんです。基本的に野球人生も大事ですけど、その先にある長い人生をどう生きていくかのための野球ってところでもあるんです。今回、FAを宣言してまたちがった経験をすることで、自分自身の人生の糧であり、人間の深みというものに繋がっていくんじゃないかと期待しているところもあるんです」

宣言をした石川柊太の下には、複数の球団が名乗りを挙げる。2024年12月、石川柊太はマリーンズを選んだ。入団会見の席上、決断の理由のひとつとして「FAを取るのをわかっていたうえで見ていた」という吉井監督の言葉が響いたことをあげている。

「結果的にはそうなりましたが、各球団からオファーをいただいたときに、『球団を選ぶ条件として何を大事にしますか?』と聞かれても、宣言なんてやったことがないので知らないんですよ(笑)。これも実際に宣言して、いろんな球団のいろんな方たちの話を聞いてみて、気づかされる。自分は何を大事にしていたのか。『こういうことに心を動かされるんだな』と、自分自身のことを知れるきっかけになったともいえます。マリーンズに決めたことも、理由はひとつじゃないです。チームとして必要としてくれていることはもちろん、吉井さんにいただいた言葉が、自分のなかですごく響いたこともひとつの要素であって、それ以外にもフロントとの一体感、空気感もそうですね。"人対人"という本当に人当たりの部分で"いいな"と思えた部分があって、球団の方たちと交渉を重ねていくなかで、『自分はこんなにフィーリング的な部分を大事にしていたんだ』と気づけたことでもありました。そういうことを含めても、FAをしてよかったなと思えていますし、新たな自分をまた探しに行くための宣言だったので、思うような再スタートを切れることに喜びを感じています」

自身の野球人生を「人との縁に恵まれてきた」と石川柊太は振り返る。無名だった小中高から大学。育成でのプロ入りと、一見、遠回りのような環境のなかでも、主戦投手になれないと思ったことは一度たりともないと常々言っている。

「そのときそのときで、信じてくれる人たちがいたんです。中学時代には『柊太はずっとピッチャーをやらせた方が伸びる』と言ってくれた恩師。高校で『柊太で甲子園にいくぞ』と言ってくれた監督。『あんなの使えないだろ』と反対されるなか、大学に入れたのも『絶対に獲った方がいいです』って推してくれたコーチの存在があったから。プロに入ってからもそう。ずっとリハビリ組だった僕に『柊太でダメなら俺は辞める』とまで言ってくれたコーチ……そういう人たちとの縁であり、熱に僕の野球人生は支えられている。今回の吉井さんや球団の人たちの縁もそうだと思っています」

一年一年新しい自分を更新してきたという石川柊太にとっても、環境が大きく変わる2025年。抜群に相性のいいZOZOマリンスタジアムを本拠地とし、小島和哉や種市篤暉など、刺激をくれる新しいチームメイトがいて、昨年末には新しく家族が増えることもわかり、今年に懸ける思いは、例年とは格段にちがうと感じているようだ。

「全然ちがうんじゃないですかね。本当に自分でもあんまり考えないようにしているわけじゃないんですけど、考えてそうで、考えていない。いや、結構考えすぎてしまって面倒くさかった部分もあるんです(笑)。それでも、考えをシンプルにしているというのかな。年を追うごとに野球に対して、よりシンプルに向き合うってことが大事だなと思ってきているんです。結果を出すことですよね。"その全ては、勝つために。"とスローガンにもありますが、自分がやるべきことは、投げて抑えること。もちろん、若手の見本にと期待されているかもしれないけど、どれだけ熱意を持ってチームのためにやっていても、チームを勝ちに導けなければ僕なんかは意味がないんですよ。すごく厳しい世界ですから」

プロである以上、結果が全て——。昨年はその言葉を改めて胸に刻んだ年だった。8月以降はローテーションで6試合に先発し5勝0敗防御率1.91と抜群の安定感を誇り、日本シリーズでも好投した。その活躍の陰には、6月に登録を抹消されてから約2か月にわたる苦闘と、そこから気づきを得るまでの時間が必要だったという。

「昨季は開幕から苦しい時間が続いていたんですけど、そのときに『苦しい』と言ってしまっていた自分がいて、それは何でだろうと。これまで哲学的に捉えていた苦しみを、科学的に深層心理の部分でアプローチしてみようと心理学の本を読み漁ったんです。自分の発言や行動にはちゃんと意味があって、やっぱり誰かに慰めて欲しいから苦しがったり、弱みを見せたりする。そういう自分にはここ何年か心当たりがあったんですね。でもそれって、苦しむ必要なんてないのに自分から苦しみに行っていたということなんです。それに気づけたことで、後半戦は野球といい関係で向き合えたし、まだまだ知らない自分がいるんだなということもわかった。これは楽しみなことでもあると思うんですよね」

マリーンズに入団して最初の日の夜。石川柊太は久しぶりに心地よい緊張感に包まれていたという。そして緊張のなかで考えた。この不安や緊張をどう捉えれば自分は噛み砕くことができるのか。そんなことをあれこれ考えているうちに、「いい経験をしているな」という実感がわき上がってきた。

「自分を新しい環境において、今年どう戦っていくのか。毎年、これが正解だと思っても、ほころびがあったり、悩みや苦しみがありました。それを去年の経験を踏まえた上で、野球と向き合ったときにどういう一年になるのか。リーグ優勝という目標を必ず一番上に置いてやっていくなかで、いろいろあると思うんです。自分がどう乗り越えていくのか。楽しみでもありますし、期待もしています」

自分がやるべきことは、投げて抑えること。
どれだけ熱意を持ってチームのためにやっていても、
勝ちに導けなければ僕なんかは意味がないんですよ

グレゴリー・ポランコ

幕張のホームラン王
その力はチームのために

　今季でマリーンズ加入3年目。移籍1年目の2023年に本塁打王を獲得し、昨季もリーグ3位となる23本のアーチを描いた。課題としていた左投手への対応については「足をうまく使い、甘いボールを確実に仕留める」ことで克服。打撃練習では「体が開かないように、もっと足を使って逆方向に打つスイングを意識している」と話す。

　天性のムードメーカーでもある。常に周囲に気を配り、ときには日本語で、明るく声を出す。個人のことよりも、チームの優勝を強く意識しているからだ。昨季、山川穂高選手（ホークス）と本塁打王を争っていた際も、「チームのためになるバッティングをして、優勝に繋がる結果を出したい。ホームラン王を獲れればうれしいが、そこが第一目標ではない」と話していた。

　「状態が上がると、スイングがよくなって反対方向にもホームランが出る」というのが本人談。言葉どおり、気温の上昇とともに、ポランコの打撃の調子も上がる。特に、リーグ優勝争いが熾烈になる夏場は非常に心強い。昨季も、7月以降の3か月で13本の本塁打を放ち、チームを勢いづけた。「開幕時期の春先、寒さのなかで試合をするのは難しい。夏が来ると暖かくなって、より一層体が動くようになる」と教えてくれた。今年もたくさんの"パワー！"をファンに披露して、とびきりの笑顔を見せてほしい。

Born	1991年9月14日（33歳）
Ht.Wt.	196cm　108kg
T / B	左投げ／左打ち
Pos.	外野手
Birth	ドミニカ共和国
Career	セナベック高―パイレーツ―ブルージェイズ―巨人―千葉ロッテ

石川慎吾

自分らしく。
打席での勝負強さを極める

　ここ一番での勝負強さ、打席に立つだけで「何かやってくれそう」と思わせる雰囲気。その裏には、試合前からの入念な準備がある。シーズン中の試合前練習では、「練習中は窮屈に打つように意識しています」と、常にセンターから反対方向に打っている。試合前の打撃練習から、ぜひ注目してみてほしい。

　チーム内には石川歩、石川柊太、石川慎吾と石川姓が3人いることから、今季から登録名を『SHINGO.I』に変更。すでにファンからは、応援歌やヒット時に「シンゴ」と呼ばれていることもあり、すぐになじみそうだ。

　他球団から移籍してきた選手も、結果を残すことが多いマリーンズ。その環境について、「移籍1年目の際には声をかけてもらうことがすごく多かった。監督、コーチはもちろん、ピッチャーの方々からも。そういった環境のなかで、やりやすさを感じました」と振り返る。打席では、その表情から「打ってやるぞ！」という想いが伝わってくる。「打席に立てばヒットを打ちたいし、どうにかしたいという気持ちが常にある。ファンの方がそれを感じ取ってくれるのはうれしいし、もっと極めたい」。そう語る姿に、ファンも胸を熱くする。今季は、「自分らしく」がテーマ。持ち味の勝負強い打撃に期待がかかる。

Born	1993年4月27日（31歳）
Ht.Wt.	178cm　80kg
T / B	右投げ／右打ち
Pos.	外野手
Birth	大阪府
Career	東大阪大柏原高－日本ハム－巨人－千葉ロッテ

23

SHINGO ISHIKAWA

24

YUSUKE AZUMA

PITCHER

東妻勇輔

得意のツーシームで
ゴロアウトの山を築く

ツーシームを軸として、バットの芯を外してゴロアウトを築いていくのが東妻の投球スタイル。「打たせて、ゴロになったらいいなと思って投げています。ツーシームがストライクゾーンに集まれば、もっと楽に投げられる」と語る。

昨季、3月6日のベイスターズとのオープン戦で、プロ入り後初めて、弟・東妻純平選手との対戦が実現。「一軍という舞台でやっと対戦できたのはすごく楽しかったですし、親も観に来ていたので、いい親孝行になったのかなと思いました」と振り返る。兄弟仲については「悪くないですけど、5つ歳が離れているので、一緒にプレーしたことはないですし、同じプロ野球選手としてやっているのも不思議な感覚」と語る。純平選手はセ・リーグの球団に所属しているので、一軍での対戦は交流戦か日本シリーズに限られる。弟との対戦は「いやですね（笑）」と笑顔を見せた。

少ない球数で肩を作ることができ、走者を背負った場面での登板が多いが「それが自分の持ち味、いいところだと思っている」と話す。マウンドに上がれば、「どれだけゴロを取れるか。フライを打たせるピッチャーではないので、テンポよくゴロを打たせることを意識しています」と、再び一軍のブルペン陣に割って入りたい。

Born	1996年4月4日（28歳）
Ht.Wt.	172cm　80kg
T / B	右投げ／右打ち
Pos.	投手
Birth	和歌山県
Career	智弁和歌山高ー日体大ー千葉ロッテ

岡 大海

進化し続けるベテラン
走攻守の要となる

　安打数や得点など、あらゆる部門でキャリアハイを記録した昨季。6月にはプロ野球記録となる8試合連続二塁打を達成。初出場したオールスターでも、2試合連続本塁打を放ち、30歳を超えてなお、進化を続けている。毎年キャリアハイを更新している要因について問われると、「どうですかね、そんなにいい成績ではないですし」と謙遜しつつ、「常に新しいことに取り組もうと意識しています。若いころに比べると引き出しが増えたので、その日に応じた選択ができるようになった」と自己分析。

　今年7月には34歳を迎え、チーム内でも年長組に入る。ベテランとして、チーム全体を見渡す機会も増えた。取材でも、「与えられたところで結果を残すのはもちろんですが、チームとして上を目指すなかで、若い選手たちをうまく引っ張っていきたい」と、後輩たちへの思いを口にする。「自分なりに気づいたことは声をかけますし、若手も見ていると思うので、僕自身もちゃんとやっていかないといけない」と、個人だけでなく、後輩選手たちについて語る場面も増えてきた。

　ベテランと呼ばれる年齢に差しかかるなかでも、高みを目指す気持ちに変わりはない。「打率は3割、本塁打は二桁、盗塁も二桁、そしてゴールデン・グラブ賞を獲りたい」と、目指すものは多い。今季も打線の中心として、チームを牽引する。

Born	1991年7月15日（33歳）
Ht.Wt.	185cm　80kg
T / B	右投げ／右打ち
Pos.	外野手
Birth	岡山県
Career	倉敷商高－明治大－日本ハム－千葉ロッテ

25

HIROMI OKA

27
TATSUHIRO TAMURA

CATCHER

田村龍弘

このチームで優勝がしたい
マリーンズ一筋の扇の要

　捕手らしく、周りがよく見えていて、気配りを欠かさない選手だ。特に、一軍経験の浅い選手や、新加入の選手に対して積極的に声をかけ、チームに溶けこめるようサポートする。2023年にマリーンズへ加入した大下も、「本当にありがたかった」と感謝の言葉を口にする。投手陣への取材で、好投した試合について話を聞くと、「田村さんのおかげ」「タムのリードがよかった」と話す投手も多く、絶大な信頼が寄せられている。

　リードについて「相手チームの打者を知る前に、まずは自チームの投手を知らなければならない。受けるピッチャーのことを勉強することが大事」というのが田村流。西野とは10年以上バッテリーを組んでいるので「これがダメなら次はこれ、という引き出しは持っているつもり」。培ってきた経験を武器に投手陣を支える。球種の多い投手の先発時に起用される傾向があり、試合前のブルペンで調子を見極め、どの球種を軸に攻めるかを考えながら試合に臨む。投手の些細な変化にも瞬時に気づく洞察力を持ち、長年培った経験値は、チームにとって不可欠となっている。

　可愛い後輩でもあり、正捕手のライバルでもある佐藤都志也について「活躍がうれしくもあり、複雑な気持ち」としながらも、「都志也がレギュラーとして出ないときはしっかり休めるように、全力でサポートするのも僕の役割」と語る。経験を武器に、攻守両面でチームを勝利へと導く。

Born	1994年5月13日（30歳）
Ht.Wt.	172cm　81kg
T / B	右投げ／右打ち
Pos.	捕手
Birth	大阪府
Career	光星学院高－千葉ロッテ

菊地吏玖

"とまフォーク"でつかんだ自信
飛躍を誓う天性のムードメーカー

　吉井監督から握りを教わったフォークで三振を奪い、昨季は夏場以降、一軍での登板機会を増やした。「もともと2ストライクまで持っていくのが下手だったわけではないですが、フォークのおかげで、より幅広い攻め方ができるようになったと思います。自信を持ってマウンドに上がれるようになりましたし、困ったときはフォークを投げれば、なんとかなるという安心感もあります。ストレートで押しながら、フォークで引くこともできるようになりました」と、出身地である苫小牧をもじった"とまフォーク"が活躍のきっかけだった。

　明るい性格でチームを盛り上げ、ファンを魅了する存在でもある。「目立ちたがりは、生まれてからずっとだと思います（笑）」と自称。ピッチャーを志した理由も「目立ちたかったから」というほどで、「特にきっかけはないんですけど、親の性格を受け継いでいるのかもしれません」と明るく答えた。その性格もあってか、球団公式Podcast番組『Marines Monday Radio』では、通常二人で行う収録に一人で挑戦。「対話形式ならもう少し話のキャッチボールができるし、ネタも増えると思うんですが、一人で繋ぐのは難しかったですね」と、さすがに苦戦した様子。ピッチングはもちろん、明るいキャラクターにも注目が集まる。今季は「（鈴木）昭汰さんが昨季残した成績は、NPBの歴史のなかでもトップクラス。その領域を目指し、超えていけたら」と意気込む。

Born	2000年6月13日（24歳）
Ht.Wt.	183cm　93kg
T / B	右投げ／左打ち
Pos.	投手
Birth	北海道
Career	札幌大谷高－専修大－千葉ロッテ

28

RIKU KIKUCHI

29
YUJI NISHINO

PITCHER

西野勇士

目標は二桁勝利。
成長を諦めず、もっとうまくなりたい

「マリーンズとは、難しいですけど、家族みたいな感じですかね」。昨年オフ、国内FA権を取得しながらも行使せず、チームに残留することを決断。昨季は自己最多タイの9勝を挙げたが、投球内容については「2023年は年間を通して安定していたが、昨季は調子が悪い時期の方が長く、なんとか粘りながら投げていた感じ。そのちがいが大きいですね」と自己分析。調子が万全でなくとも、その日使える球種を見極め、的確にチョイスして抑える。これこそ、経験を積んだベテランならではの技術。今季は「二桁勝利は絶対に達成したいですし、イニングをもっと投げていきたい」と目標を掲げる。

変化を恐れない強さがある。2014年から3年連続で20セーブをマークしながらも、2017年・2018年には低迷。しかし、2019年にアメリカ・ドライブラインで自主トレを行い、新たな感覚を見つけて復活を遂げた。2020年には右肘のトミー・ジョン手術を受けたが、2022年はリリーフ、2023年からは先発の一角を担い、再びチームを支えている。その原動力について「成長を諦めたら終わり。常によくなろうと思っている。本当にそれだけ、もっと野球がうまくなりたい」と力強く語る。同学年の選手が引退していく年齢に差しかかったが、「周りが減ってきている分、負けないように頑張らないと」と、貪欲に挑戦を続ける。

Born	1991年3月6日（34歳）
Ht.Wt.	183cm　90kg
T / B	右投げ／右打ち
Pos.	投手
Birth	富山県
Career	新湊高－千葉ロッテ

30

ATSUYA HIROHATA

PITCHER

廣畑敦也

自分らしいピッチングを続けて
味わい深い活躍を

　昨季は「周りから見て100点を目指しながら、自分のなかで70点のピッチングをする」というテーマを持ち、一軍ではロングリリーフを中心に8試合に登板。「一軍にいる時間は短かったですが、自分のピッチングはできたので、すごくよいシーズンだった」と振り返る。出番がいつ訪れるかわからない立場だったが、「キャッチボールやブルペンでの球数はある程度決まっているので、そこは変えないように。あとは気持ちを作れば、大丈夫です」と頼もしい。

　入寮時にはギターの弾き語りを披露し、球団公式YouTubeでは選手にコーヒーを淹れるなど、多彩な趣味を持つ。そのきっかけについて「野球以外のことでは、"これは何に繋がるか"と考えず、ただ純粋に"楽しい！"と思うことをやると決めている。そういったところが、趣味を見つけるきっかけになっている」と語る。ギターもコーヒーも、細かいところで毎日調子がちがうという。「コーヒーは特にそうですが、同じ豆を使っても日によって味が変わる。食事や生活リズムが同じでも、日々体調や体温は微妙に異なる。そういう細かな変化に気づく力はついてきたのかな」と分析。結果として、趣味で培った感覚が、野球にも繋がっている。

　「4年目は勝負の年。しっかりやるだけです」。今季の抱負"コクとキレ"を多くのファンが味わえるように、一軍に定着したい。

Born	1997年12月3日（27歳）
Ht.Wt.	175cm　83kg
T / B	右投げ／右打ち
Pos.	投手
Birth	岡山県
Career	玉野光南高－帝京大－三菱自動車倉敷オーシャンズ－千葉ロッテ

大谷輝龍

最速159キロの剛腕
一軍の舞台で輝くときに向けて

　新人合同自主トレから周りに流されず、自分のペースを貫き、落ちついていた。「意識してそうしている」と語り、シーズン中も、黙々と課題に向き合い続けた。自身のコンディションを知るうえで、「朝のルーティンを崩さないようにやっています。毎日ちがう体の状態に合わせて、アップや刺激を入れて修正している」とのこと。そのルーティンにもいろいろあり、「鏡の前で姿勢をチェックしたり、片足立ちをしてバランスを確認する」ことで、前日との体調のちがいを把握している。

　プロ1年目の昨季、唯一の一軍登板となった試合は「緊張はしましたし、不安もあるなかでマウンドに上がったんですけど、ランナーを出してからは焦らず落ち着いて投げられました。しっかりストレートでファウルも取れましたし、フォークで空振りが取れたので、結果的にはよかった」と、3つのアウトを全て三振で奪い、強烈なインパクトを残した。ファームで過ごした時間のなかで「いかに、強いまっすぐを投げられるか」をテーマに、ストレートの質に徹底的にこだわり、高めに浮かないよう、フォークに磨きをかけたという。シーズン終盤には「まっすぐの強さが出てきて、早いカウントで打ち取れるようになった」と、質の向上が、球数を抑える投球に繋がったことを実感した。

　2年目の今季は、開幕前に右肘の手術を受けたため、まずはリハビリに励む。よりレベルアップした姿で一軍のマウンドに戻り、再び輝く姿を見せたい。

Born	2000年7月11日（24歳）
Ht.Wt.	180cm　81kg
T / B	右投げ／右打ち
Pos.	投手
Birth	石川県
Career	小松大谷高－JFE東日本－伏木海陸運送－富山GRNサンダーバーズ－千葉ロッテ

31

HIKARU OHTANI

CATCHER

佐藤都志也

飛躍の一年をさらに超えて、
チームで喜びを分かち合う

　プロ5年目の昨季、初めて規定打席に到達し、リーグ4位となる打率.278を記録。毎年"打てる捕手"として活躍したいと話すなかで目安として挙げていた打率.250以上をクリアした。チーム最多となる97試合でスタメンマスクを被り、オールスターでMVP、ベストナインを受賞、11月に開催された『第3回プレミア12』で日本代表に選出されるなど、飛躍の一年となった。「キャッチャーで出場しながら打てたのは、すごくよかった」と振り返る一方で、「これからは、2024年の成績が基準になって周りから見られるので、そこを絶対にクリアしなければならない」と満足はしていない。「過去のことは一度脇に置き、また新たな記録を作っていく」と、さらなる成長を誓う。
　「キャッチャーをしている以上、自然とチームの中心的な存在になる。無理に鼓舞するわけではないけど、必要な声は出していかないといけない」と、中心選手としての意識が高まった。2年連続のAクラス入りを果たしたものの、「昨季は最も試合に出場したシーズンというのもあって、一番悔しい思いをした。他球団がビールかけをしている様子を見て、より一層優勝したくなりましたし、みんなで喜びを分かち合いたいという思いが強くなった」と悔しさをバネに、優勝を目指す。

Born	1998年1月27日（27歳）
Ht.Wt.	181cm　91kg
T／B	右投げ／左打ち
Pos.	捕手
Birth	福島県
Career	聖光学院高－東洋大－千葉ロッテ

32

TOSHIYA SATOH

33

AKIRA YAGI

33

PITCHER

八木 彬

前向きにスタイルを変えて、
今季こそチャンスをつかむ

「ツーシームを覚えて、ガラッと変わったと思います」。昨季途中から、新たな球種を取り入れて投球の幅が広がり、確かな手応えをつかんでシーズンを終えた。ストレートに強いこだわりを持っていたが、「何かを変えないといけないし、変えることの新鮮さを感じてやっていました」と、ツーシーム主体の投球に切り替えたことに葛藤はなかった。「ゴロアウトを狙った場面で、実際に打ち取れるようになったのがうれしい」と、"打たせて取る"投球の面白さを実感している。

昨年4月19日のファイターズ戦では、2点リードの7回に勝ち試合のリリーフとしてマウンドに上がったが、「チャンスがやっと来たという感覚だったんですけど、空回りした部分もあった」と悔しい結果に終わった。その後、サブロー二軍監督から「まっすぐに強さはあるが、怖さがない。変化球を使った方が打ち取れるのでは」との助言を受け、大谷 投手コーディネーター（当時は二軍投手コーチ）と相談しながら、現在のスタイルへと変化を遂げた。

もともとは中継ぎでの起用が多かったが、昨季は先発にも挑戦。「先発は5回、6回をどう投げるかという新たな持ち場ながら、意外と力まず行けたかなと思います」と手応えを感じた。今季はどんな場面で活躍してくれるか、楽しみだ。

Born	1997年5月26日（27歳）
Ht.Wt.	180cm　94kg
T / B	右投げ／右打ち
Pos.	投手
Birth	和歌山県
Career	八戸学院光星高－東北福祉大－三菱重工West－千葉ロッテ

PITCHER

高野脩汰

愛称は"チェス"
変則フォームで先発に挑戦

　澤田から教わった「チェスト投げ」を取り入れ、"チェス"の愛称で親しまれる変則サウスポー。「先発とリリーフの両方を経験し、いろんな場面で投げさせてもらったことが、すごくいい経験になりました」と昨季を振り返る。得意とするチェンジアップ系フォークは、大学時代から磨いてきた球種で、チェンジアップに軌道が似ており、「浦和（ファーム）のデータ班も、握りを見なければ判別できないほどの球種らしいです」と、独特な軌道が相手を惑わせる。

　昨年11月の『MARINES FAN FEST 2024』では、TEAM BLACKの広報隊長を務めた。球団公式SNSでは、陽気で明るい性格が見られるが、取材時にはどんな質問にもゆっくりと考えながら答える、真面目な印象を受ける。例えば、昨季チェンジアップを投げ始めたきっかけについて聞くと、「自分でも取り組んでいましたし、スタッフや監督、コーチからの助言もあり、意見が一致したのもあります。ストレート、フォークに加えて、新たな選択肢を作るためにファームで練習を重ねました」と、経緯を丁寧にわかりやすく、説明してくれた。

　昨季はブルペンデーにプロ初勝利を記録し、今季は先発に本格挑戦するつもりだ。変則フォームとフォーク、そしてチェンジアップを武器に、相手打線を封じていく。

Born	1998年8月13日（26歳）
Ht.Wt.	184cm　88kg
T / B	左投げ／左打ち
Pos.	投手
Birth	島根県
Career	出雲商業高－関西大－日本通運－千葉ロッテ

34

SHUTA TAKANO

35
HARUYA TANAKA

田中晴也

活躍する土台はできあがった。
今季は一軍のマウンドに立ち続ける

「自分が思っていたよりも、早くプロ初登板を果たすことができた。一軍のレベルを知ることができたので、早い段階から課題を見つけ、活躍するための土台作りに取り組めました」。プロ2年目の昨季は一軍デビューを果たし、2度目の先発でプロ初勝利を挙げた。シーズンを通して、ストレートの調子がよかったと自己評価し、「後半になるにつれてスピードも上がり、自信を持って投げられるようになった。右肩上がりでよくなっていった」と語る。4度目の先発となった9月16日のライオンズ戦では、自己最速の155キロを計測した。

高卒3年目とは思えないほど、自分自身を客観的に分析し、課題を持って取り組むことができる。昨季序盤は奪三振の少なさを課題としていたが、「早いカウントから、スライダーやフォークを使ってカウントを整え、空振りを狙えるようになったことで、ストレートでも三振を取れるようになった」と成長を実感している。「シンプルに、一軍の打者と対戦できたことが一番の収穫。そこで感じたことを、今季に繋げていきたい」と振り返る。一軍で投げるなかで「ゾーンで勝負しないといけないですし、カウントが悪くなってからも自分のボールをしっかり投げ込まないと、簡単に打たれてしまう」と感じたという。今季に向けては「開幕ローテーションに入ることがひとつ。そのうえで、一年間一軍の舞台で活躍したい」と目標を掲げる。

Born	2004年6月6日（20歳）
Ht.Wt.	186cm 92kg
T / B	右投げ／左打ち
Pos.	投手
Birth	新潟県
Career	日本文理高―千葉ロッテ

PITCHER

坂本光士郎

毎年50試合以上を投げて、
左バッターを徹底的に抑える

「左バッターを抑えるのが、僕の仕事」。その言葉には、強い責任感と覚悟がにじむ。昨季の8月から、「今までまっすぐだけだったところにツーシームが加わったことで、バッターも考えると思う」と、左打者対策として、インコースにツーシームを投げるようになった。今季も「投球の幅を広げていかないと、バッターを抑えられない」と、引き続き活用していく。特に左打者に対しては「いいバッターになればなるほど、インコースを攻めないといけない」と厳しく攻める覚悟だ。

プロ入りから浜田省吾さんの曲を登場曲に使用し、「僕＝浜田省吾さんという風に捉えてもらえるのは、光栄です。使う選手が多くないなかで、本当に好きで使っているので、そう思ってもらえるのはうれしいこと」と、"坂本＝ハマショー"のイメージが定着している。昨年の交流戦では、古巣・スワローズの本拠地、神宮に凱旋し、「マリーンズでしっかり投げている姿を見せたい」との思いで登板。長岡秀樹選手を自己最速154キロのストレートで、見逃し三振に仕留めた。「ファウルでもいいから、強い球を投げるという意識だった。結果的にいいところに決まって、球自体も強かった。あの1球は昨季で一番よかったくらいの感覚でした」と手応えを感じた1球だった。

今季の目標については「毎年50試合投げたいですし、中継ぎの勝ちに繋がるホールドは、できるだけ多く取りたい」と意気込みを語った。2023年に記録した自己最多51試合登板を上回る活躍に期待だ。

Born	1994年9月9日（30歳）
Ht.Wt.	179cm 80kg
T / B	左投げ／左打ち
Pos.	投手
Birth	広島県
Career	如水館高－日本文理大－新日鉄住金広畑－ヤクルト－千葉ロッテ

36

KOSHIRO SAKAMOTO

37

FUMIYA ONO

PITCHER

小野 郁

ファンの声援を力に変えて。
迎える復活のシーズン

2020年から3年連続で40試合以上に登板したが、2023年に右肘を手術し、昨季は一軍で3試合登板にとどまった。手術前の状態に戻すというよりも「手術前よりもよくなるように変えるイメージです」と、新しい"小野郁"を作っていく考え。特に「自分の投げる球の配球を変えていきたい」と話し、従来の投球スタイルを見直して配球を工夫することで、さらなる進化を目指す。150キロを超えるストレートを持ち味とするが、「ストレートで空振りを取ろうとはあまり思っていなくて、ファウルを取ることでカウントを取って、ジャストミートされないように投げたい」とのこと。

　復活を目指す今季に向けて、オフシーズンには益田らの自主トレに参加。「郁は自主トレですごく頑張っていましたし、今年やるんじゃないかなというのは、ひしひしと伝わってきました」と、益田もその意気込みを感じ取っている。

「ブルペンを出て、マウンドに向かう途中に聞こえる声が力になりますし、ファームとちがって声援が大きい。人も多い。熱いファンの方々の声援のなかで投げられてうれしい」と、ファンの存在が大きな支えとなっている。「自分のなかでは、2年間何もやれていない。本当に、今年が勝負の年かなと思います」と、不退転の覚悟で新シーズンに挑む。熱いマリーンズファンの前で、新生・小野郁の投球を披露する。

Born	1996年10月23日(28歳)
Ht.Wt.	175cm　78kg
T / B	右投げ／右打ち
Pos.	投手
Birth	福岡県
Career	西日本短期大附属高ー楽天ー千葉ロッテ

OUTFIELDER

髙部瑛斗

１年間一軍で戦い続ける。
"覚悟"を持って臨むシーズン

　２年ぶりに一軍出場した昨季、７月に打率.405をマークして月間MVPに輝き、シーズン通して打率.300、10盗塁と、流石の存在感を示した。規定打席には届かなかったものの、ケガさえなければ結果を残せることを改めて証明した１年だった。１番や２番を打つことが多いイメージだが、最も多く起用されたのは７番だった。金子誠一軍戦略コーチは「７番に髙部を置いたときは、打線が結構繋がっていました。どの打順がいいのか、前後がどうなのかと考えたんだけど、昨季はそこがベストだった」と、意図を明かしている。

　右肩の故障で一軍出場がなかった2023年には、リハビリ期間中に、荻野や当時球団スタッフだった南昌輝育成投手コーチ兼二軍投手コーチのサポートを受けていた。「もともとピッチャーだった南さんにキャッチボールを教えてもらったり、オギさんには、ケガを経験した人だからこそわかる、体の負担を少なくカバーする方法を聞いたりして、取り入れました」と振り返る。

　外野のレギュラー争いは熾烈だが、「やることをやって、しっかりと結果を残し、僕という存在をアピールしたうえでチームのリーグ優勝、日本一がついてくれば最高だと思う。まずは結果を残す１年にしたい」と話す。"覚悟"をテーマに、１年間を戦い抜く。

Born	1997年12月11日（27歳）
Ht.Wt.	178cm　72kg
T / B	右投げ／左打ち
Pos.	外野手
Birth	神奈川県
Career	東海大甲府高－国士舘大－千葉ロッテ

38

AKITO TAKABE

感覚を研ぎ澄ませて
高め合う二人

38 髙部瑛斗　　　　　1 藤原恭大

飛躍を期して臨んだ昨季はともに不完全燃焼。髙部は76試合で.300、藤原は74試合で.290と、フルシーズンを戦えずに悔いを残した。シーズン途中から、年下の藤原がついつい敬語を忘れてしまうほど、野球の話をたくさんしてきたという二人。チームとしても、個人としても、さらなる高みを目指さなければいけない今シーズンをどう戦い抜くか。ポジション争いのライバルでもある天才肌の外野手二人が想いを語る。

髙部　俺も恭大も去年は似たようなシーズンだったよね。前半戦はケガで出遅れて、シーズン途中から一軍に上がって、出場試合数も成績も同じような感じ。ある程度は結果を残せたのかもしれないけど、満足はしていない。

藤原　一番似ていると思ったのは、感性の部分ですよ。これまではたいした話もしてこなかったけど、去年、急に距離が縮まりましたよね（笑）。フォームとかは全然似てないけど、べーさんの話を聞いていると自分の感覚と似ているから、ものすごく参考になる。

髙部　一軍に上がってからよくバッティングの話をするようになったけど、やっぱり似た感性がある。試合中ターニングポイントになるところは、よく話をしたよね。自分がよくなり始めたとき、悪くなり始めたときって、「今の一打席がいいように転ぶのか、悪いように転ぶのか」どちらかわからない感覚があるから、恭大はどう感じたのかを聞くと、求めていることを言ってくれる。打席に対する考え方のすり合わせ作業というか。「恭大が言うからあっているんだな」と、答え合わせができる感覚の共有みたいなのが多くできて、かなり助かったよ。

藤原　まあでも、僕もべーさんも今年が本当に勝負の年。立場的にはバチバチのライバルですけどね（笑）。

髙部　入団当初は全てにおいて、俺の方が1段2段は下だったから、やっぱり恭大には負けたくないと思いながらやっていた。でも、あるときから恭大とはライバルだけど、勝ち負けとかじゃなくて、試合に出ながら高め合えるというか、二人がいれば掛け算にして上がっていける、プラスになる存在になったんだよね。

藤原　僕も同じ感覚はあります。同学年のぐっさん（山口航輝）とは、多分お互いライバル意識が強いんだけど、べーさんとは勝ち負けとか抜きにして、野球に関するコミュニケーションを一番とりますね。それも意図的に話をしようというんじゃなくて、自然と、勝手に話をする流れになっていたというか。試合数も、成績も似たような感じになりましたけど。

髙部　去年は数字的には3割乗ったけど、やっぱり打席数が少ないし、もっとできるなって思う部分がすごく多かった。でも、そう思えたのも、恭大と話していくなかで「こうやったらもっとよくなるな」とか、「こういう感覚を持っているとヒットに繋がる」というイメージが持てたからだよ。これでつかんだとは思いたくないけど、感覚的には悪くない年だったのかなとは思う。

藤原　僕もつかんだと思えるものはありました。74試合しか出場していないのでわからないけど、"昨シーズンと同じぐらいの成績を1年通して残せる"というバッティングの感覚が、プロで6年やってきて初めてありました。フォームの影響ももちろんあるんですけど、今までは全部をきれいに芯で捕えようとしていたんですね。それが、「バットを内側から出す」＋「詰まらせてもヒットにする」という、ポテンヒットでも内野安打でもいいんだという思考に辿り着いたのが大きな収穫です。そこにはやっぱりべーさんとの会話のなかにもヒントがあって、いいフォームで打てているときは、汚くてもヒットは出るんですよね。

高部　そういう感覚って本当に大事で、福浦さん（福浦和也1・2軍統括打撃コーディネーター）から「ダメなときにどうできるかがその選手の力」と言われたけど、シーズン143試合、何をしても悪いときは必ず何試合かあって、そこで1〜2本、内野安打でもフォアボールでも取れたときに成長を感じられるし、やっぱり波を少なくすることがレギュラーに近づくことなのかなって。

藤原　べーさんは去年僕が見ていたなかでも、調子悪い日でも1本出すとか、そういう打席が多かったように思いますよ。そこがやっぱり3割打てる秘訣であったりするので、本当にすごいなと思って見ていました。

高部　オギさん（荻野貴司）や角中さん（角中勝也）や岡さん（岡大海）たちは、みんな自分を持っていて、そこがぶれないから、結果を出し続けている。俺たちもぶれない土台を1年でも早く築かないといけないし、あの人たちを越えるにはあの人たちよりも打たなきゃいけないので、やっぱりそれ以上に練習したり、感覚を研ぎ澄ましたりしていないと、安心してもらえない。

藤原　べーさんは、練習しすぎなほど練習してますよ。僕と足して割ったくらいがちょうどいい（笑）。

高部　いやいや。今年はやってないよ。やっぱりケガが一番怖いからね。休むことも練習だって思いながら、練習したい気持ちを抑え込んで休んでいるよ。

藤原　コンディショニング含め、やっぱり土台って大事です。しっかりとした土台を固めないと技術の上積みができない。僕は去年、その土台がようやくできはじめた。今年はその上にどれだけ上積みできるかなんですけど。

高部　去年の恭大のターニングポイントになったのは、間違いなくノーステップの使い方だよね。2ストライクになってから、ノーステップであれだけの率が残せる選手はほとんど見たことがない。あれができれば打率は稼げるだろうし、追い込まれるのも怖くない。だから、去年の恭大からは打席ですごく余裕が感じられたし、見ていて2ストライクでも打つだろうなって安心感があった。ノーステップによって勝負できる体制が整ったなというふうに見ていたよ。

藤原　追い込まれても怖くなかったのは初めてかもしれないですね。追い込まれる前にしっかり打って、追い込まれてからはアプローチすればいいという感覚はありました。

高部　さらに恭大はホームランも打てるからね。ホームランを打てるポイントを持っているんだけど、そこに詰まりながらもヒットを逆方向に打ちに行く要素が入ってくると、そのポイントを失う選択をする難しさがある。そこをつかんでいければホームランも10本、15本、20本と増えてくる。なかなか難しいとは思うけど。

藤原　あの逆方向のヒットを、引っ張ってホームランにできるようになったら……って考えてしまうんですけど、確率が下がりそうで怖いんだよね。わかるでしょ？

高部　わかる。でも俺は長打がない分、ヒットを打つことにものすごいこだわりがあるからね。バッターは3割を打って初めて一流って言うけど、俺は1番で600打席立って3割を打てるのが一流だと思っているし、今年はそこに少しでも近づきたい。あとは恭大もだけど守備と走塁も残さなければいけない。盗塁は30〜40走りたいし、守備はセンターでゴールデン・グラブ賞を取りたい。

> **恭大とはライバルだけど、勝ち負けとかじゃなくて、試合に出ながら高め合える。掛け算にして上がっていけるプラスになる存在**（高部）

藤原 僕もセンターはやりましたけど、去年はライトでセンターのベーさんと一緒に試合に出ましたよね。すごく守りやすかったですよ。

髙部 やっぱり恭大とやってるとしっくりくるんだよな。守備範囲が被るから、任せるところは任せられる安心感があるし、思い切ったプレーができる。すごくよかったよね？

藤原 よかった（笑）。

髙部 "走り"においても去年は満足できなかったけど、俺も恭太もそこは捨てずにどんどんやってスタイルを確立していかないと、自分らの価値を下げてしまうからね。今年はどれだけ自分らの"できる範囲"を広げて、どれだけいい数字

に持っていけるか。その数字が存在価値の証明になると思っている。

藤原 足は武器です。外野を守っているとき、足の速い選手が来たらめちゃくちゃいやじゃないですか。走ってくるという意識があれば外野手も慌てますし、少々暴走気味にでも行って、プレッシャーを掛けるのが大事かなって思います。

髙部 足でかき乱せれば得点力も上がるし、チームにもプラスになるしね。

藤原 やっぱり、セカンドランナーがヒット一本でホームまで帰って来れるかどうかは、めちゃくちゃ大きい。もし、自分がヒットを打ったときに帰って来れなかったら……文句言いたくなるときもありますよね（笑）。

髙部 そりゃあもう、みんな生活が懸かっているからね（笑）。

高部　今年のスローガンは"その全ては、勝つために。"だけど、どう解釈してる?

藤原　グラウンドは当然として、普段の行動からってことですよね。自分の行動全てが野球に、試合の結果に繋がることだと思うので、一人一人が自分の行動に責任を持ってやってくださいということでしょう。

高部　そういうことだよね。吉井監督は"主体性"のことをよく言うけど、チームを見ていても変わったよな。

藤原　すごく変わったね。やっぱり自分でやらなければ終わるし、逆にやればやった分だけ返ってくるというのがダイレクトに見えますよね。そういうのがすごくハッキリしていますよ。

高部　結果は全て、自分の責任。練習時間が短くなったけど、やらされていた練習からやる練習に変わったのはすごくプロらしくていいと思う。

藤原　プロの世界の怖さ、この年数になって全然感じ方がちがう。なんであんなに余裕だったんだろう。

高部　怖いのはみんな一緒だよ。俺は2年前のケガでもう終わりやなと思ったしね。でもやるしかない。今年が本当にターニングポイントだよ。俺なんかは、毎年勝負と言ってるけど、今年はこれまで以上に大事な年だと思っていて。今年ダメなら本当にダメになってしまう気がするし、結果が出せればそのままいい選手になれる気がするんだ。常にそのつもりだけど、今年は野球人生を懸けるつもりで戦うつもりだよ。

藤原　僕だってまったく一緒です。年俸にしても年数にしても、立場的にラストチャンスですからね。今年活躍できればそのままいい選手になれるようなイメージもできるけど、ダメなら中途半端な選手になってしまう気がする。

高部　何かの記事で見たけど、だから「今年はマリーンズの顔になる」という目標を掲げたんだ。

藤原　はい。それぐらいの分岐点に来ていますから。

高部　顔は一番いいからね(笑)。あとはやっぱり恭大の能力からすれば3割を打ってあたりまえにならないと。まずは3割で10本。盗塁は20〜30。それでゴールデン・グラブ賞。

恭大と一緒に獲れたらいいなと思ってる。

藤原　自分のなかでもイメージはできています。あとはどうアプローチしていくか。でもべーさんは、3割なんてイージーでしょ。最多安打、盗塁王、ゴールデン・グラブ賞はもう堅いのかなって。

高部　……堅いわけないだろ。

藤原　僕はべーさんを超えない限り、試合で使ってもらえないと思っています。頑張りますよ。

高部　恭大が成長したら俺も成長するし、その逆も然り。確実にいい刺激をもらえる確信があるんだよ。だからまずは自分のことだけ考えて、試合に入ったら意見を共有しながら高め合っていく。それができたら、すごくプラスになるよ。その相乗効果がチーム全体に伝染していけば、優勝に近づけるチームになるんじゃないかな。

藤原　優勝って、個人の結果がついてこないと実現しないですからね。去年はそれなりの試合に出させてもらいましたけど、本気で優勝したかったし、本当に負けて悔しかった。だけどまずは、レギュラーで結果を残すことです。そうすれば優勝が見えてくる。やっぱり、一人一人、個人の結果がついてこないと、上位のチームには勝てないですよ。

高部　いくら口で「優勝したい」と言っても説得力がないからね。まずは、ちゃんと自分がやることをやって、とにかく成績を残すこと。でも本当に優勝したいよ。俺は人生で優勝というものをしたことがないからね。

藤原　僕は優勝しすぎましたけど(笑)。

高部　……俺って、勝つことのない人生なのかな(笑)。

藤原　大丈夫!　僕たちがしっかり結果を残せば、チームにいい影響を与えられるはず。

高部　そうだな。俺らは強くなる。大丈夫や。俺は信じてるよ。

39
SEIICHIRO OHSHITA

大下誠一郎

数字には見えない貢献だけでなく
結果を残してみせる

ベンチにいても常に大きな声で盛り上げるなど、数字には見えない部分での貢献度が非常に高い選手だ。「僕らは一緒に戦っているので、"おかえり"じゃないですけど、いい気持ちで次に行ってほしいし、バッティングに臨んでほしい」と、昨季はソトが本塁打を放った後、大下と一緒にベンチ前でポーズを取るパフォーマンスが恒例だった。「事前に練習はしていないですけど」と笑いながらも、「仲がいいので、次打ったらしようやという感じで決まりました」と、プライベートでも連絡を取り合うほど仲がいい関係のなかで生まれたという。「投手がいいプレーをしたら、必ず声をかけるように心がけています」と、味方投手が抑えてベンチに戻ってくる際、一番にベンチを飛び出し、グラウンドで出迎える姿も印象的だ。

バファローズ時代にはリーグ優勝、日本一を経験しており、「とにかく一人一人が優勝するんだ、日本一になるんや！ という気持ちがあれば優勝できると思う。このチームでなんとか優勝したい思いは強い。やるべきことをしっかりやりたい」と、強い覚悟を持つ。ポジションを争うライバルが増え、厳しい戦いが予想される今季、「個人としても5年間、なかなか思うような結果を残せていないので、満足できる結果を残せるように頑張ります」と、決意を新たにしている。

Born	1997年11月3日（27歳）
Ht.Wt.	171cm　89kg
T / B	右投げ／右打ち
Pos.	内野手
Birth	福岡県
Career	白鷗大足利高ー白鷗大ーオリックスー千葉ロッテ

西村天裕

プレッシャーさえも楽しんで
再び信頼される中継ぎになる

「悔しいですよね、ひと言で言えば」。昨季は17試合に登板して、7ホールド、防御率6.62と、思ったような成績を残せなかった。

今季に向けての自主トレでは、体の使い方にフォーカスして取り組んだ。特に、下半身の股関節の動きや、下半身と上半身の連動性を意識した。リリーフのポジションは競争が激しく、ライバルも多いが、「そこは勝ち取るしかない」とキッパリ。「アピールして、信頼を取り戻したい。2023年は44試合に登板したことで、これくらいはあたりまえだよね、という期待を背負ったが、結果で応えられなかった。ファンや首脳陣も同じように思っているはずなので、そのプレッシャーに押しつぶされないようにしたい」と語る。

「僕は、毎日が楽しみでしかないので」とポジティブな性格だ。たとえ打たれたり、ボールが先行したりしても、「不安ではなく、次にどう繋げるかを考えています」と、前向きな姿勢を崩さない。昨季は二軍で過ごす時間が長かったが、「いつ上がってもいいように、テレビで一軍の試合はずっと見ていた。自分が映っていないのは悔しかったですし、苦しかった」と振り返る。それでも、「年齢も上の方ですし、マイナスのところは見せられない」と、先頭に立って大きな声を出しながら練習に励む姿が印象的だった。

今季は「チームの勝利に貢献して、吉井さんを胴上げする。僕の目標です」と、同じ和歌山県出身の吉井監督を胴上げするため、全力で腕を振る。

Born	1993年5月6日(31歳)
Ht.Wt.	177cm 92kg
T / B	右投げ／右打ち
Pos.	投手
Birth	和歌山県
Career	和歌山商高－帝京大－NTT東日本－日本ハム－千葉ロッテ

40

TAKAHIRO NISHIMURA

42

BRYAN SAMMONS

ブライアン・サモンズ

多彩な変化球を持つ大型左腕
強みを生かして先発の一角に

　先発ローテーション入りが期待される新助っ人左腕。昨季メジャーリーグのタイガースでデビューを果たし、6試合・27回1/3を投げて1勝1敗、防御率3.62の成績を残した。フォーシーム、カーブ、スライダー、スプリット、スイーパーと球種が多彩。ストライクゾーン内に投げ分ける制球力と、球種の多さを生かしたピッチングで打者のタイミングを外す投球術が持ち味だ。「少ない球数で追い込んで、積極的に攻めていくことが大事。あとはしっかりと相手打者の弱点などの情報を頭に入れて、自分の強みを生かしながら対戦していきたい。すばらしいシーズンになるよう、優勝を目指して頑張ります」と心強い。

　メジャーデビューを果たしたばかりの彼が、マリーンズ移籍を決断した理由について、「アメリカでもいくつかオファーがありましたが、ちがった文化を経験しながら野球をするのもひとつの夢だった。いいタイミングでマリーンズからオファーがあったので、そちらを選びました。日本はすばらしい国だと思っているので、この国で野球ができる機会に恵まれてうれしい」と説明。

　恵まれた体で“ビッグ・ツナ”という愛称もあるサモンズだが、ファンに向けては「“ブライアン”と呼んで応援してほしい」とのこと。吉井監督も「長いイニングを投げられる投手なので、先発の一角に入ってくれたらと思います」と、先発としての活躍が期待される。

Born	1995年4月27日（29歳）
Ht.Wt.	193cm　106kg
T / B	左投げ／左打ち
Pos.	投手
Birth	アメリカ
Career	ホガード高ーウエスタンカロライナ大ーミネソタ・ツインズーガストニア・ハニーハンターズ〈米独立・アトランティックリーグ〉ーデトロイト・タイガースー千葉ロッテ

INFIELDER

石垣雅海

内野の全ポジションがライバル
新天地でレギュラー獲りへ

「ドラゴンズで過ごした8年間。長く在籍したので、寂しかったですけど、チャンスだとも思っています」。昨年12月の現役ドラフトで、ドラゴンズからマリーンズへ移籍。長打力と、内野の全ポジションを守れるユーティリティ性を武器に、新天地での挑戦が始まる。

　マリーンズに新しく加わる選手は、ファンの熱い応援を楽しみにしていることが多いが、石垣もその一人。「初めてオープン戦でロッテの応援を聞いたとき、迫力に圧倒されました。12球団で一番すごいと思います」と胸を躍らせる。セ・リーグ時代に所属したドラゴンズはファームもウエスタン・リーグだったため、西日本でのプレーが中心だった。山形県出身の石垣にとって、マリーンズへの移籍は家族との距離が縮まるきっかけにもなった。「じいちゃん、ばあちゃんに『それなら、すぐに観に行けるね』と言われたのがうれしかった」と、敵地でのイーグルス戦を楽しみにしている。

　これまでの8年間、特にこだわって取り組んできたのは守備だ。「ノックの数をこなしながら、どういうふうに捕るのがベストなのかを試行錯誤してやってきたつもりです」と、どの内野ポジションでも高いレベルで対応できる。「内野の全選手がライバルです」と、競争率の高い内野陣に新しい風を吹かせる。

Born	1998年9月21日（26歳）
Ht.Wt.	181cm　88kg
T／B	右投げ／右打ち
Pos.	内野手
Birth	山形県
Career	酒田南高－中日－千葉ロッテ

43

MASAMI ISHIGAKI

45
SHOTA UEDA

CATCHER

植田将太

いつでも一軍で出られるように。
入念な研究と準備を欠かさない

　昨季は一軍出場がなく、二軍でも若手捕手の台頭により、出場機会が減少。それでも「結果を出すしかないと思ったので、他人と比べるのではなく、自分がどうすれば結果を残せるかを考えて取り組んでいました。少ない機会のなかでどのように準備するか、一軍に上がったときをイメージしながら練習していました」と、前向きに努力を重ねた。打撃面では、昨年の秋から「打席数が限られるなかで、柔軟にピッチャーのタイミングに合わせることができなかった」と課題を感じ、タイミングの取り方やバッティングフォームの修正に着手した。

　「趣味は全然ない」と苦笑いを浮かべながらも、野球道具を新調することが楽しみだという。「新しいバット、手袋が届くとすごくうれしいじゃないですか。道具は大事に使っています」と、手入れを欠かさず、使いやすい状態を保つことを心がけている。

　昨季は「一軍の映像をよく見ていました。特にキャッチャーのプレーを中心に、どのピッチャーと組んでも、スムーズにリードできるように準備をしていました」と、映像を活用しながら自軍の投手陣を研究し、持ち味を把握。その成果を一軍の舞台で示すためにも「今季は一軍で活躍できる年にしたい」と決意を新たにしている。

Born	1997年12月18日（27歳）
Ht.Wt.	180cm　86kg
T / B	右投げ／右打ち
Pos.	捕手
Birth	大阪府
Career	慶應義塾高－慶應義塾大－千葉ロッテ

PITCHER

岩下大輝

求められる場面で役割を全うする
それが自分の持ち味

　2023年10月に指定難病の『胸椎黄色靱帯骨化症』と診断され手術を受け、昨季は4月25日のホークス戦で一軍復帰を果たし、その後21試合に登板した。持ち味はストレートで、若手時代から「一番の軸です。タイプ的にそれしかない。その路線を極めていきたい」と繰り返し語ってきた。フォークは、打たせて取るために小さな変化でストライクゾーンを狙うものと、大きな落差で空振りを狙うものを状況に応じて投げ分ける。

　近年マリーンズを応援するようになったファンにとっては、昨季までの長髪と鍛え上げられた体から、強面な印象を持つかもしれない。しかし、若手時代は練習の合間や取材時に"岩ちゃんスマイル"を見せ、冗談を言ったり、先輩投手にもかわいがられるキャラクターだった。プロ11年目を迎え、今では後輩からも頼られる存在に。同じ星稜高出身で、9学年下の武内は「とてもやさしい先輩で、いろんなことを教えてくれる」と話し、八木もフォークの指導を受けるなど、若手時代の"岩ちゃん"から、頼れる兄貴分へと成長を遂げている。

　リリーフでの起用が多いが、2024年秋のみやざきフェニックスリーグでは、先発として5イニングを投げるなど、スターターとしても期待できる存在だ。「チームに求められる場面で頑張ります。どこでも投げられるのが自分の持ち味。それを極めていきたい」と、今季の起用法にも注目が集まる。

Born	1996年10月2日（28歳）
Ht.Wt.	182cm　90kg
T／B	右投げ／右打ち
Pos.	投手
Birth	石川県
Career	星稜高ー千葉ロッテ

1
KYOTA FUJIWARA

46
DAIKI IWASHITA

47

SHOTA SUZUKI

鈴木昭汰

変化することを恐れずに
"防御率0.73"のさらなる高みへ

「美馬さんが元チームメイトということで、紹介してもらいました」と、美馬を通じて、日本を代表する左腕・松井裕樹選手（パドレス）と自主トレを行い、野球に対する考え方や栄養管理を学んだ。教えをそのまま真似するのではなく、「松井さんに教わったことを咀嚼して、自分のモノにすることが大事」と、独自のスタイルを追求した。その結果、昨季は自身初のオールスター出場を果たし、シーズン終了後にはプレミア12の日本代表にも選出されるなど、大活躍の1年となった。

シーズンを通じてはチーム最多の51試合に登板して、自己最多の27ホールドを記録。一気に勝ち試合での登板が増加した。「最初はもちろん緊張感があったんですけど、『アウトを3つ取ることに変わりはない』と松井さんに助言をいただき、気負いすぎず、いつも通りの気持ちで臨めました」と、どの場面でも気持ちを変えず、安定感を武器にチームの勝利に貢献した。昨季のブレイクの要因については「まっすぐの質ですね。ストレートの制球もよくなったし、ファウルを取りたい場面でしっかり取れるようになってきた」と自己分析。

「変えることを恐れず、今年はもっと上の成績を追い求めてやっていきたい」と、さらなる進化を誓う。そして、守護神の座を奪うために「次にくるチャンスを絶対にモノにする」と、持ち前の強心臓で、その座をつかみとる。

Born	1998年9月7日（26歳）
Ht.Wt.	175cm　80kg
T / B	左投げ／左打ち
Pos.	投手
Birth	茨城県
Career	常総学院高－法政大－千葉ロッテ

中村稔弥

持ち球に磨きをかけて
勝ち試合で存在感を示したい

　ブルペンデーや、先発投手が早いイニングで降板した際に登板することが多く、難しい役割を担う。「(点差がついたビハインドの試合でも) その試合に限らず、次もあるので、相手に勢いをつけさせてはいけない」と、ロングリリーフとしての存在感を発揮する。新人時代、チェン・グァンユウ選手 (楽天モンキーズ) に教わった「テンポを大切に」というロングリリーフの心得を守って投げてきたが、「今は、とにかく無失点に抑えることが大事かなと思います。特に、先頭打者を出さないことを意識しています」と、考え方が変化している。

　昨季マリーンズで一緒にプレーしたダラス・カイケル選手からも多くのことを学んだ。メジャー時代の2015年にサイ・ヤング賞を受賞したカイケル選手の入団を知ると、「YouTubeでどういうピッチャーなのか調べたら、シンカー系のボールを投げているのを見て、僕も同じタイプなので学ぶことが多いと思いました」と、積極的にアドバイスを求めた。「動く独特のボールの投げ方や、疲れたときにフォームがどう変わるのか、どう対処すればいいのかなど、詳しく教えてもらいました」と、キャッチボールの後に話し込んだり、ブルペンでの投球を見学したりするなかで学びを得た。

　「リリーフとして、1年を通して一軍で投げ抜くことが今季の目標。勝ち試合でも投げられるようにしたい」とまだまだ成長から目が離せない。

Born	1996年7月8日(28歳)
Ht.Wt.	178cm　84kg
T/B	左投げ／左打ち
Pos.	投手
Birth	長崎県
Career	清峰高―亜細亜大―千葉ロッテ

48

TOSHIYA NAKAMURA

50
AITO

愛斗

得意の外野守備と打撃で
外野手争いを勝ち抜く

　12球団でも、トップクラスといっていい外野守備力。難しいプレーも難なくこなし、相手に隙を見せない守備は玄人好みだ。その原点はライオンズ時代にある。「当時のライオンズで試合に出るには、代打や代走の後の守備固めがメインになる。だからこそ、守備を上達させれば大きな武器になるぞ、と当時のコーチに教わりました。自分のなかで腑に落ちて、一から教えてもらいました」と振り返る。

　打撃面では、昨年秋にチームとして、センターから逆方向を意識した打撃練習を実施。「僕の強みであり、得意なこと」と好感触を得た。打撃でも結果を残すことができれば、ゴールデン・グラブ賞も夢ではない。

　当初、新しいチームになじめるか不安もあったが、「話すのが得意ではない自分に、コーチ陣のみなさんが積極的に声をかけてくれて、自然とコミュニケーションが取れるようになりました。ライオンズ時代と大きく変わったところです」と首脳陣のサポートに感謝する。

　また、ファンの間で話題になることが多いのが、愛斗のユニホームの袖の長さ。「グラウンドに立てば、全員一緒じゃないですか。そこに変化を加えたいと思ったんです。『愛斗って袖が長いよね』『守備がうまい選手だよね』と、特徴を認識してもらえるようになれば」と、こだわりを明かした。今季はグラウンドで躍動する姿を見せて、プレーでも話題を呼びたい。

Born	1997年4月6日（27歳）
Ht.Wt.	177cm　92kg
T／B	右投げ／右打ち
Pos.	外野手
Birth	大阪府
Career	花咲徳栄高－西武－千葉ロッテ

山口航輝

今はスタートラインにもいない
競えるようにアピールする

　ふがいない成績に終わった昨季。「悔しかったし、苦しかったシーズンだった」と振り返り、何かを変える
ためにプロ入りして初めて、ＺＯＺＯマリンスタジアムではなく遠方で自主トレを行った。「自分を追い込み
たかったのもひとつありますし、妥協できない、やるしかないという環境を作りたくて、トレーナーをつけ
ました。高校生のときから見てもらっている方なので、きつい練習になることは覚悟していました。いい練
習ができたと思います」と、自主トレ期間中は厳しい練習を課して、体重も３〜４キロ落とした。

　2022年にはチーム最多本塁打を記録した長距離砲。逆方向への強い打球を意識し、「弱い打球では昨年み
たいになってしまう。いかに強い打球を打てるかが大事。センター方向にいい打球が打てないと、スタンド
には入らないから、そこを目指してやっていきたい」と、バックスクリーンめがけて、どでかい一発を誓う。
「今年は競争が外野だけではなく、どのポジションも激しい。みんな勝負の年だと思う。そのなかでアピー
ルしてチャンスをつかみたい。今は優勝をしたい気持ち。ビールかけがしたい。その想いがすごく強いシー
ズン。優勝の大事な戦力となれるようにしたい」と、決意を新たに2025年シーズンを戦う。

Born	2000年8月18日（24歳）
Ht.Wt.	183cm　100kg
T / B	右投げ／右打ち
Pos.	外野手
Birth	大阪府
Career	明桜高ー千葉ロッテ

51

KOKI YAMAGUCHI

52

NAOYA MASUDA

益田直也

悲願のリーグ優勝のため
今年もひたすら腕を振るだけ

　勝ち試合を締めくくる、マリーンズの守護神。昨季は、開幕直後に二軍落ちを経験しながらも、8月以降は9度のセーブ機会をすべて成功させるなど、15試合・14回2/3を投げ、防御率0.61と圧倒的な安定感を見せた。終わってみれば、44試合に登板し、25セーブ、防御率2.59を記録。

　昨季終了時点の成績で、球団歴代トップの通算登板数・救援登板数（747）、通算ホールド（172）、通算ホールドポイント（205）、通算セーブ（243）を誇り、名球会入りの基準のひとつである通算250セーブ達成が、目前に迫っている。昨季終了時点で、残り7セーブ。この大記録を達成して、今季こそは優勝、歓喜の秋を迎えたい。

　2019年オフに国内FA権を行使せず、チームに残留して以来、毎年のように「優勝したい」と、想いを口にしている。リーグ優勝のために必要なこととして、「個々のレベルアップは必須だと思います」と語る。「自分たちよりレベルが上の選手は、他球団にもたくさんいる。その選手たちに追いつき、追い越すことはもちろん、チーム内の競争にも勝たなきゃいけない。個々のレベルアップが、チーム全体のレベルアップに繋がるんじゃないかと考えています」と続けた。

　「自分の記録よりも、チームの勝利の方が大事。一番の目標は、このチームで優勝し、日本一になること」。プロ14年目の今季、悲願のリーグ優勝へ。

Born	1989年10月25日（35歳）
Ht.Wt.	179cm　80kg
T / B	右投げ／右打ち
Pos.	投手
Birth	和歌山県
Career	市立和歌山商高－関西国際大－千葉ロッテ

クローザーの矜持

52 益田直也

球場にいる仲間やファンから向けられる、勝利を願う全ての思い。それを背負っている覚悟と自負がこの男にはある。肉体も精神も、タフであり続けなければならないクローザー。益田らしい言葉のなかに、その矜持が垣間見える。

「いつもと同じシーズンです」

プロ14年目の春季キャンプを宮崎・都城のベテラン組で迎えた益田直也はいつもと同じ調子で淡々と答えた。昨年までで積み重ねた登板数は747、名球会入りまであと7つと迫ったセーブ数223はプロ野球歴代5位タイ。昨年6月には小林雅英氏が持つ球団のセーブ記録を更新し、名実ともにマリーンズを代表するクローザーとなった。

そんな益田はこのオフにもチェンジアップをはじめ、3つほど新しい変化球の習得に挑戦するなど、さらなる進化を求め貪欲に活動している。

「そんな立派なものじゃないですけどね。実際に試合でどれだけ使えるのかはわからないけど、今はデータ野球じゃないですか。相手の頭に"益田にはこの変化球がある"と少しでも入れば、いろんな可能性が出てくると思うんですよ。だから、ないよりもあったほうが絶対にいい。もちろん、三振をとれるボールになれば一番いいんでしょうけど、初球や追い込まれたときに頭に入っていないボールが来ると思わず見逃してしまうこともあるんですよね。シーズンは長いですから、いろんなシーンで使えると思うので、少しでも投げていけたらと思っています」

自分が優位に立てる工夫。相手打者が"いやだな"と感じるものがあれば、どんなことでも取り入れる。足の上げ方、クイック、ランナーを出しても、不格好でも、最後のマウンドは絶対に抑えて降りるという、クローザーとしての誇りが垣間見える。この13年間、そうやって益田は243のセーブを積み上げてきた。

「やっぱり最後のマウンドは特別ですからね。そこを任される責任感であり、『これを抑えたら勝ちや』というみんなから感じるプレッシャー、そこに関わる重みをひしひしと感じながら投げています。もちろん、中継ぎもクローザーも大事なポジションですけど、7・8回は逆転されてもまだ味方が点を取り返すチャンスがあるし、いろんな展開が作れる。だけど9回は自分一人でゲームを終わらせてしまうポジションです。僕で初めて僕で終わらせることもね」

プロ入り2年目でセーブ王の初タイトルを獲って以降、ケガや不調で調子の波はありながらも毎年ほぼ50試合以上をコンスタントに登板。真骨頂はクローザーに返り咲いた2019年からの6年間。335試合で182のセーブを挙げたマリーンズ史上、もっとも9回を任されてきたクローザーは、その栄光の記憶よりも、52試合の敗戦の方が脳裏に鮮明に刻まれているという。

「覚えていますよ。この13年で抑えた記憶、よかったシーンなんていうのはまったく頭に残っていない。負けた記憶、打たれたシーンの方が鮮明に残っています。やっぱり、忘れちゃいけないんですよ。僕一人の失敗じゃなくて、1回から8回まで積み上げてきて、最後の9回ですからね。そこまで頑張ってきた先発、中継ぎ、守備陣にバッター、応援してきたファンの人たち、いろんな人の思いが詰まった9回ですからね。失敗したことを忘れていい場面なんてない。ひとつとして負けたシーンを忘れたことはありませんし、ずっと頭のなかに入れてあります」

毎試合、できる限りの万全の準備をして、最後のマウンドに挑む。それでも失敗することもある。一般的にクローザーは「このピッチャーで打たれたらしょうがない」という存在であるが、益田はその言葉に納得しない。「負けたのは自分のせい。それをしっかり受け止めないとよくはならない」と、持論を語る。

昨年の開幕早々、益田は2試合連続でセーブに失敗した。ファームで約3週間の再調整ののち、再昇格となると5月の交流戦からは18セーブを挙げ完全復活を果たした。

「正直なところ、開幕の頃は投げることがうまくいっていなかったんです。僕自身、これまでにないほどフォームのことで悩んだんですけど、今までやってきたことはひとつとして間違いじゃないと信じられてはいました。でも、どうしてもピッチングの微妙なタイミングが合わない。そこをどうやって修正していくか、ファームにいる間、いろんな練習方法を試行錯誤してみて、結果、これが一番いいフォームに近づくんじゃないかという形をひとつ引き出すことができた。チームには本当に申し訳なかったんですけど、僕としてはあの時期に足掻いたことで、成長できる時間を過ごすことができた。もし今年も同じようなことが起きたとしても、引き出しがあるので、波は少なくなると思います」

しかし、プロの世界はポジションを少しでも空ければその座を狙う選手が台頭してくるのが常。益田不在の間にも、クローザーには成長著しい若手の横山、鈴木が代役を務めた。彼らは益田が一軍に復帰してからも、状況によってはセーブ機会で登板することもあった。年を経るごとに世代交代の声も聞こえてくる。今季、クローザーの座を狙う彼らの存在は益田にとって刺激になっているのだろうか。

「刺激。どうですかね。あんまりそういうふうに感じたことはないですね。その……負けていると思っているんですよ。これまでも自分が特別にすごいピッチャーだと考えたことがまったくないですからね。球自体は横山の方が速いですし、コントロール面では昭汰の方があって、左という武器もある。ケガ明けだけど小野郁なんかもいいものをもっている。お世辞抜きで彼らの持っている球の方がすごいんじゃないかな。だから、刺激じゃないんです。負けないように頑張る。投げる球では勝てないから、それ以外の部分で少しでも彼らより多く練習しないといけないなって日々感じていますし、僕にはクローザーとして積み重ねてきた経験があるので、そこで勝負していくんだと思います」

「益田直也の最高の武器は?」と聞けば、「ございません」と即答してしまう。高校時代は補欠、大学時代もほとんど投げることはなかった投手が、プロで13年。一度たりとも自分のことをすごい投手だと思ってこなかったからこそ、「負けたくない」という強い思いが生まれ、727登板のマウンドと、そこにいたるまでのハードワークを支えてきた。

「負けたくないんですよ。負けず嫌いなんで、セーブを失敗したときのことを考えるとね。あんな思いは二度としたくない。ならばそうならないようにとことん練習するしかない。特に普段の練習っていうのが大事で、もし打たれても、『しっかり準備をしたから、しょうがない』と納得できるぐらいの練習だけはやっておきたいんです。だから自主トレでもギリギリまで身体を追い込みますし、きついトレーニングやランニングもできる。しんどいときには頭に残っている自分が打たれたシーンを思い出すんです。『これで止めたら、また同じような結果になるぞ。あんな思いをしていいのか』と自分に問い詰めて発奮させながら乗り越える。それを毎日毎日、自分のなかで続けていて、その積み重ねが今日に繋がっているかなと思っています」

衝撃的な敗戦の責任をダイレクトに被ることはクローザーの宿命でもある。昨年のCSファーストステージ突破まであと一歩からの同点弾も、一昨年のベンチで悔し泣きした屈辱もそう。敗戦の数だけ、クローザーとして背負ってきた重圧と悔しさを、益田は次の試合、その次の試合への糧に変える作業をしてきた。

「やっぱり全てを背負わなきゃいけないポジションですからね。チーム、スタッフみんなの生活がかかっているという意識はずっと感じてやってきましたけど、キャリアのなかでその試合しか勝ち投手になれないピッチャーも、勝利打点を挙げられないバッターもなかにはいる。その日の勝利だけではない、いろんなことを背負っていく、そういうプレッシャーに打ち勝てる強い心というのは必要になる。僕もそういう場面では緊張しますよ。打たれた記憶は本当に忘れられないし、いろんなことを考えてしまうけど、マウンドに上がるときには『打たれたらどうしよう』というネガティブなメンタルにはならない。切り替えます。それはやっぱり経験と、そうならないための練習をこれまでしてきましたからね。『目の前のバッターとどう対峙するか』ということにしか集中していません」

ひとつの試合、一人の打者。準備を怠らず、積み重ねたセーブ数はプロ野球史上でも歴代5位。あと7つに迫った名球会には「通過点。それで終わりじゃない」と言い続けている。

「高校・大学で大して投げていないやつが名球会に入れるって、周りからしたら何したの？　ってなるのかもしれませんが、僕は今のところすごいことをやったとも思っていなくて。おそらく終わったときに『ああ、これだけやれてすごかったのか』と思うぐらいの感覚なんじゃないですかね。自分が自分がっていうのはない。それよりも優勝したい。ビールかけがしたいですよ。あと何年できるかもわからないですからね」

プロ野球のセーブ記録で上位10人に入るクローザーのうち、益田だけが優勝を経験していない。2019年「このチームで優勝したい」と生涯をマリーンズとともに歩む決意をした悲願。マリーンズの優勝を決める瞬間のマウンドには、ラストバッターと相対する益田直也の姿があってほしい——。

「いやいや。チームが優勝できればね、僕が最後のマウンドにとか、そういうことはもういいかなと思うんです。それよりも、とにかくチームが優勝することが一番です。ただ抑えを任されたら、絶対に抑えてやるという強い気持ちは常に持っているし、そのために練習を重ねてきたプライドも持ってマウンドに上がります。今シーズンも苦しいことはあるだろうし、ハラハラさせることもあるかと思いますが、最終的には"なんか知らないけど抑えちゃった"というスタイルで行きますよ(笑)」

いろんな人の思いが詰まった9回。
失敗したことを忘れていい場面なんてない。
ひとつとして負けたシーンを忘れたことはありません

PITCHER
木村優人

一軍での初勝利を目指す
大器の片鱗を見せる右腕

　プロ1年目の昨季は、体重を増やしながら「自分の体をどれだけ扱えるかが大事」と意識し、体づくりに励んだ。二軍では登板間隔を空けながら、短いイニングで先発を経験。登板した11試合のうち、7試合で先発を務めた。プロ入りのときから自信のあったカットボールについては、「プロの舞台でも、変わらず勝負できている」と手応えを感じつつ、「まだまだ課題も見つかると思う」とさらなるレベルアップに貪欲だ。

　先発前には「相手バッターのデータを確認しながら、キャッチャーやコーチと、攻め方や抑え方を相談する」と研究を重ね、試合後には「映像を見てフォームのバランスや変化球をチェックし、課題を修正する」と振り返り、成長に繋げている。昨季は二軍の試合でZOZOマリンスタジアムのマウンドも経験。シーズン後の秋季練習でも、ライブBPでマウンドを踏んだ。「ZOZOマリンスタジアムで投げたことで、一軍で早く投げたいという気持ちがより強くなった」と目を輝かせた。

　笑顔が印象的で、"きむ"と呼ばれてほほえむ、若々しい姿とは裏腹に、見るものを驚かせるまっすぐを投げる。二軍戦や春季キャンプでの投球でも、その非凡な球質を見せつけていた。プロ2年目の今季は、昨季の田中晴也のように二軍で経験を積みながら、一軍デビューを飾りたい。

Born	2005年6月1日（19歳）
Ht.Wt.	184cm　92kg
T / B	右投げ／左打ち
Pos.	投手
Birth	茨城県
Career	霞ヶ浦高−千葉ロッテ

53
YUTO KIMURA

54
AUSTIN VOTH

PITCHER

オースティン・ボス

先発ローテーションを守り
優勝のピースとなる

　実績十分の頼りになる助っ人がやってきた。2018年にナショナルズでメジャーデビューを飾ると、マリナーズでプレーした昨季はリリーフで68試合に登板し、防御率3.69の成績を残した。

　メジャーではここ数年はリリーフで投げていたが、吉井監督は「もともと先発をしている投手。本人も先発希望ということでローテーション投手として考えています」と話し、「1年間を通してローテーションで投げてくれることを期待しています」と、先発の一角として考えているようだ。入団会見では「長いイニングを投げられるのは自分の強みでもあり、先発にこだわりたい」とアピールした。

　春季キャンプではライブBPでポランコやソト、中村奨吾らと対戦して好投。初の実戦となる韓国のロッテ・ジャイアンツ戦でも2回をしっかりと抑え、続くホークスとのオープン戦でも3回を無失点に抑え、本拠地で実力を示した。変化球ではカーブを得意としていて、ZOZOマリンスタジアムの風とも相性がよさそうで楽しみだ。

　「1年間ローテーションを守り、先発として25試合以上投げて、二桁勝利を目指します。優勝のピースになれるように全力で頑張ります」と新天地での活躍を誓った。

Born	1992年6月26日（32歳）
Ht.Wt.	186cm　97kg
T / B	右投げ／右打ち
Pos.	投手
Birth	アメリカ
Career	ケントウッド高ーワシントン大ーワシントン・ナショナルズ傘下ーワシントン・ナショナルズーボルチモア・オリオールズーシアトル・マリナーズー千葉ロッテ

柿沼友哉

若手に負けないように
チャンスをモノにしたい

　30歳を過ぎたが、スローイングに衰えが見えない。「スローイングに関しては僕自身、毎年自信を持ってやっていることなので、落ちることなく維持できている」。強肩を武器に、今季も投手陣を支えていく。

　課題の打撃は、昨年春にフォームを変更。「最初は面識のなかった方から"もっと打てるようになる"と言われました。正直、そう言われることがあまりなかったので、せっかくなら話を聞いてみようと思ったのがきっかけです」。フォームは岡に似ているが、体の使い方が同じようなタイプだからという理由だ。今季については「5割くらいの力で振る感覚を意識しています。少ない打席でどれだけ力を抜けるか。少ない打席だったら、なおさら打ちたいから力むと思うんですけど、そこでどれだけ力を抜けるか」と模索している。

　昨季はファームで過ごす時間が長かったが、若手捕手の手本となるべく、全力で取り組んだ。「佐藤（都志也）がこれだけ試合に出るなかで、松川や寺地といった若手も台頭してきている。僕自身も負けないようにやっていきたい。昨季の悔しい思いを、どうにか晴らしたい」。セ・リーグのCSでMVPに輝いた、戸柱恭孝選手（ベイスターズ）の姿にも刺激を受け、「戸柱さんは僕より年上ですし、辞めたり、ケガをしたりしない限りは、チャンスがある。ケガをせずにやり続けるのが大事ですよね」と、チャンスをつかみたい。

Born	1993年5月12日（31歳）
Ht.Wt.	180cm　86kg
T / B	右投げ／右打ち
Pos.	捕手
Birth	茨城県
Career	誠恵高－日大国際関係学部－千葉ロッテ

55

TOMOYA KAKINUMA

56

SHUNSUKE NAKAMORI

PITCHER

中森俊介

相手を支配できるような投球で
先発ローテーションに食い込む

　自分の課題を明確に口にし、克服するために継続して努力することができる。昨年10月のZOZOマリンスタジアムでの秋季練習では、全体練習前にひとり黙々と体を動かし、入念に準備するなど、練習に向き合う姿勢も非常に真面目だ。

　プロ5年目となる今季、同学年の大卒投手が入団してきた。「プロに入り、同級生の投手と同じチームになるのは初めて。すごく楽しみでもありますし、ライバルでもあるので負けないように頑張りたい」と気合を入れる。高卒から先んじて4年間積み重ねてきたプロでの経験を生かし、新戦力にも負けない存在感を示したい。

　「毎年オフシーズンに、空振りを取れる変化球を磨くことを軸にしてきましたが、変化球を生かすも殺すも、まっすぐ次第。どれだけよい変化球を投げても、ストレートがしっかりしていなければ弾かれてしまう」と、ストレートの重要性を改めて認識。今オフは、ストレートと向き合った。

　先発定着のための必要なことに「安定して投げ続けられること」を挙げ、「調子の波が激しいことが課題。そこを克服して、相手バッターを支配できるような投球ができれば、心に余裕ができ、メンタル面でも有利に進められる」と自己分析する。今季こそ先発ローテーションの座をつかみ、規定投球回到達を目指す。

Born	2002年5月29日（22歳）
Ht.Wt.	182cm　90kg
T / B	右投げ／左打ち
Pos.	投手
Birth	兵庫県
Career	明石商業高ー千葉ロッテ

INFIELDER

小川龍成

努力が実を結んだ打撃
今季はさらなる存在感を示す

　昨季は得意の守備だけでなく、セーフティスクイズでの
サヨナラ安打や、四球をもぎ取る打席での粘り、しぶとい
逆方向への安打など、打での存在感を示した。2023年の
秋季練習から「三遊間に、低いライナーを打つ感覚」を身に
つけるため、地道に取り組んできた成果を発揮した。「逆
方向を打つことで、ボールの見極めや粘りがよくなった」
と振り返る一方で、「甘い球をしっかり捉えられなかった
り、力強さ、確実性だったりに課題がある」と自己分析。「甘
い球を、しっかり強く打つ」ことを意識し、さらなる結果
を残していきたい。

　漫画『ちいかわ なんか小さくてかわいいやつ』と、自身
の名前「小川」をかけあわせた"ちいかわ"の呼び名も、活
躍とともにファンの間で広まった。本人も「うれしいです。
広く呼んでもらえるように頑張ります」と前向きに受け止
めている。ファンの存在については、「これだけ応援して
もらえて、本当に力になっています」と感謝している。昨
季途中からは個人の応援歌もでき、「すごくうれしい。た
くさん歌ってもらえるように活躍したいと思います」と力
を込めた。

　レギュラーに近づいて迎えた今季は重要な1年となる。
「レギュラーとして出られるのであれば、二遊間のどちら
でもいい」と、小技と守備力をさらに磨き、熾烈なポジショ
ン争いに挑む。

Born	1998年4月5日（26歳）
Ht.Wt.	171cm　74kg
T / B	右投げ／左打ち
Pos.	内野手
Birth	群馬県
Career	前橋育英高－國學院大－千葉ロッテ

57

RYUSEI OGAWA

河村説人

より成長した姿を。
今年こそ一軍での復活を期する

昨季は育成選手としてスタートしたが、シーズン途中で支配下登録を再び勝ち取った。シーズン終了後のみやざきフェニックス・リーグでは「宮崎の最後の登板で147キロが出て、最後の最後で、やっといい感覚をつかめた」と、今季に向けてストレートに手応えをつかんだ。

手術前の状態に戻すのではなく、「新しい形を模索して、より成長したい。手術前と球速はそこまで変わらないが、打たれていると感じる部分がある。もう少し球速を上げて、力強いピッチングがしたい」と、さらなるレベルアップを目指す。そのために、西野とアメリカのドライブラインに行き、動作解析でフォームの改善や球速アップを試みるなど、しっかりと準備をしてきた。

「2年間一軍で投げられていないので、一軍で投げたいのと、今年しっかり活躍しないとダメだなと思っています。とにかく一軍で、ポジションはどこでもいいので投げたいと思っています」と、アピールを続けて、今季は一軍で1年間投げ抜くことを目標としている。

Born	1997年6月18日（27歳）
Ht.Wt.	192cm　87kg
T / B	右投げ／右打ち
Pos.	投手
Birth	北海道
Career	白樺学園高－星槎道都大－千葉ロッテ

早坂 響

あの日夢見たマウンドへ
幕張育ちの若き右腕

　プロ１年目の昨季は、前半戦を主に体づくりに費やした。７月にZOZOマリンスタジアムで行われた二軍の公式戦で実戦デビューし、７試合に登板した。課題として挙げていたのは、体重を増やすこと。「食べることが苦手なので、とにかく間食をとって体重を減らさないように。たくさん食べて、トレーニングして体を大きくしないといけない」と、プロの世界で戦い抜くための体づくりに励んだ。

　ロッテ浦和球場での試合前練習の合間、ベテランの石川歩と会話するなど、先輩たちとも交流を深めた。「歳が上の方でも、自分たちに気を遣って話しかけてくれる。休みの日の過ごし方を聞いたり、スライダーの投げ方を教えてもらったりして、参考にしています」と、積極的に学んでいる。二軍の試合では、若手選手がネット裏でチャートをつけるのも、大事な仕事のひとつ。「自分だったら何を投げるか、考えながらやることもあります」と、先輩の投球を見て分析を重ねている。

　マリーンズのホームタウンにある幕張総合高の出身で、学生時代はZOZOマリンスタジアムの外野席で、応援団とともにマリーンズを応援していた。初めて買ったグッズは今江敏晃さんのうちわ。今度は声援を受ける側となり、一軍のマウンドに立ちたい。

Born	2005年7月26日（19歳）
Ht.Wt.	176cm　70kg
T / B	右投げ／右打ち
Pos.	投手
Birth	千葉県
Career	幕張総合高－千葉ロッテ

59
OTO HAYASAKA

60

RIKUTO YOKOYAMA

横山陸人

尊敬する守護神を超える。
高みを目指す新世代の中継ぎ右腕

　力強いストレートを中心に、スライダーとシンカーを駆使して、打者をねじ伏せるサイドハンド。150キロを超える、唸るようなストレートが武器で、「制球、質、強いまっすぐ、指にかかってくるかどうかが、ひとつの基準になってくる」と自身の好調時のバロメーターについて語る。

　絶対的守護神である益田の後継者として期待のかかる右腕は昨季、18ホールド、3セーブをマークし、経験を積んでいる。そのなかで、益田の偉大さを改めて感じたという。「チームの勝ち負けがかかる場面では投げるプレッシャーがすごくて、そんなポジションを何年も務めて、200セーブ以上あげている。すごいメンタル、異常だなと思うくらいです」と、尊敬と畏怖の念を口にする。

　シーズン途中、シンカーを封印していた時期もあったが、「寝る前に結構考えていて、こうやって投げたら指にかかるんじゃないか、というのがたまたまパッと思いついた。それを試してみたらよかった」と、夏場以降は再び投げるようになった。とことん考えるからこそ、新しい閃きが生まれる。今季も野球に没頭し、さらなる成長を続ける。「もっと上があると思うので高みを目指して、いい成績を残せるよう2025年以降もやっていきたい」と、飛躍を誓う。勝ちパターンの一角を担い、今季こそは毎年目標にしている50試合登板を達成したい。

Born	2001年8月5日（23歳）
Ht.Wt.	180cm　90kg
T / B	右投げ／右打ち
Pos.	投手
Birth	東京都
Career	専大松戸高―千葉ロッテ

自分に、相手に、ライバルに。クローザーは負けられない

47 鈴木昭汰 　　 60 横山陸人

昨季はマリーンズの勝ちパターンに定着し、侍ジャパンにも選出されるなど大躍進を果たしたリリーバーの二投手。左腕の鈴木昭汰は51試合に登板し、チームトップの27ホールドに防御率0.73と抜群の成績を残した27歳。同じくキャリアハイの43試合で18ホールドに防御率1.71という数字を残した横山陸人は23歳。ブルペンで火花を散らす新進気鋭のライバル同士が、"9回"クローザー争いに名乗りを挙げる。

鈴木　去年は最後までヨコと一緒に野球やってた気がする。ブルペンでも一緒、侍ジャパンでも一緒、オフの球団行事でも被ることが多かったから、ずっと一緒にいた印象があるよ。

横山　あっという間のキャンプインだったし、昭汰さんに会っても"久しぶり感"がまったくないですよね。

鈴木　まあ、でもいい意味でヨコはオンとオフの切り替えがあるよな。オフのときは完全にナメてるけど(笑)、スイッチが入ったときは、さすが益田さんに弟子入りしているだけあって、しっかりしている。

横山　僕が見た昭汰さんは、ふざけているなと思うこともあるんですけど(笑)、球場に来るのは1番か2番ですよね。

鈴木　1番です……いや、2番やな。

横山　そういうところも含めて、一人で黙々と取り組むストイックさはすごいと思います。僕はあんまり一人でやれないタイプなので。今年の自主トレの様子をニュースを見ていても、「ああ、昭汰さん黙々とトレーニングしているんだなあ……！」って。

鈴木　益田さんとの自主トレは今年も厳しかったんだろ？ 気になるわけじゃないけど、ヨコは味方である以上にライバルだからね。やっぱり自分の方がいいところで投げたいし、勝ちたいという思いはある。ただ、ヨコは他の選手よりも気になる存在ではあることは確かだよ(笑)。

横山　僕も同じっすよ。昭汰さんがどこで何をしてようが、どうでもいいんですけど(笑)。ただ、仕上がりは順調なのかとか、今年は何を意識してトレーニングをしているのかは気になります。やっぱり、シーズン中のブルペンでも、負けたくないというのはあって、いい場面が来ると「ここは俺だろ！」という譲れない思いはありましたからね。

鈴木　確かに、俺も「ここは行かせてくれよ」という気持ちが態度に出ちゃうときもあったね……！ 去年は7・8・9回をヨコ・俺・益田さんっていうパターンになることも多かったよね。

横山　そうですね。ただ、試合の勝ちに貢献できるのはもちろんうれしいことだけど、やっぱりポジションは意識しますよ。7回は大事だし、8回も大事。9回はもっと大事……というのはわかるんですけど、昭汰さんも僕も中継ぎで投げている以上、やっぱりクローザーというポジションをお互い最終目標にしているわけじゃないですか。

" 経験では絶対に
　僕らは益田さんに勝てない。
　だから、何かひとつずつでも
　勝てる分野を増やしたい "（横山）

鈴木　そうだね。益田さん、この本のインタビューで「自分が昭汰とヨコに勝てるものは（経験値以外）何もない」って、そう言ってるんだって。

横山　勝てるものが何もないのは僕の方ですよ。自分のストロングポイントのまっすぐだけなら、益田さんに勝てるときもあるのかもしれないけど、総合的に見たら現時点では天と地の差ぐらいの開きがありますよ。経験では絶対に僕らは益田さんに勝てない。だから、何かひとつずつでもいいから、勝てる分野を増やせれば、自ずと益田さんを引きずり下ろせるのかなって。

鈴木　益田さんは益田さんで俺らにはまだまだわからない多くのものを背負っているわけだよね。俺らは俺らで、益田さんに追いつき、クローザーを奪うためには、計り知れないぐらい抑え続けていかないと、その挑戦権がやってこない。こ

れは言い方が悪いけど、益田さんがよくないときに、俺らが代わりに出て失敗すれば「やっぱり益田だな」って絶対になっちゃうんだよ。現に去年もそうなったんだから。次は絶対にどうにかしてやろうと思ってるよ。

横山　バチバチですね（笑）。

鈴木　まあ、でも去年、中継ぎでひとつの証になる50試合を投げられたことは経験として大きかった。これだけ投げるとどれだけ疲労が溜まって、どれぐらい達成感があるのか。今までわからなかったことが実感できた。本当に調子がよくて完璧だった試合は数えるほどしかなかったし、打たれた試合もあるし、逆に調子が悪くても抑えた試合もあって、全部含めて経験として血肉になっている。ただ、これを今年も来年も続けていかないと意味がないから、去年よりも今年が大事だと思っているよ。

横山　僕も1年目から中継ぎをやらせてもらって、一軍で50試合登板をずっと目標にしてきたけど、未だ達成はできていないので納得していないです。昭汰さんは1年間ずっと抑えていたけど、僕は4月の終わりに二軍に落ちて、そこからも昭汰さんの試合を見ていましたけど、ずっと抑え続けていて嫉妬しましたし、自分の情けなさを感じました。

鈴木 ヨコは俺の前に投げることが多かったから、ブルペンで気持ち高めながら、ずっとピッチングを見る形になっていたけど、43試合投げて防御率1点台、ホールドも18って、4つ年下でそんだけの成績残してんだから。シーズン中にボールの出力がずっと落ちなかったのは俺ができなかったことだし、1年間一軍で投げていれば俺の登板数を越えていたかもしれないと思うとゾッとするよ。

横山 数字だけ見たらいいような気もするんです。だけど実際に投げている方の実感としたら、打たれる場面や打たれ方というのが、僕はもう極端に悪い。数字は「たまたま」って言われてもおかしくないです。詰めの甘さをすごく痛感しました。

鈴木 俺だって去年つかんだものは結果だけかもしれない。内容で言えばまっすぐにしてもまだ伸びしろはあると思うし、軸となっていたのがスライダーだったから、球種を増やしたらもっと投球の幅も広げていけると思うし、納得はしていないよ。

横山 僕はボールの速さは昭汰さんに負けたくないっす。昭汰さんって元々155キロとか投げるじゃないですか。

鈴木 投げねーよ(笑)。

横山 今はスライダーとか使いますけど、前はストレートのゴリ押し系だったじゃないですか。そのときからまっすぐだけは負けたくないと思っていましたからね。

鈴木 まっすぐへの考え方は変わってないのよ。変わっていないんだけど、あのときに比べたらコントロールがよくなっ

たからな。コースを突いてファールを取りに行くような幅は広がったけど、スピード自体はヨコには勝てないから。逆にホールドやセーブの数は負けたくないって気持ちはあるけどな。

横山 僕も昭汰さんも、去年は去年でもちろん通用した部分もあるけど、僕は2年連続で同じ攻めが通用するとは考えられないので、昨年つかんだものはそれとして、新しく何かを採り入れて、もうひとつ進化していかないとさらに活躍するのは難しいと思っています。

鈴木 そうだな。去年もそうだったけど、どれだけやってもやれる自信なんてないからな。不安しかないもん。

横山 ですね。ずっと不安(笑)。このオフもめちゃくちゃ不安じゃなかったですか?

鈴木 オフシーズンいらないよな。やらない人はやらないかもしれないけど、俺はそれができないんだよね。できるなら休んでみたいけど多分無理。野球のことを考えなかったのは本当に年末ぐらいだよ。

横山 益田さんって、こういうときに思い切り休むじゃないですか。それも勇気ですよね。僕たち去年はだいぶ投げさせてもらって、侍ジャパンもあって最後まで野球をやっていた。でも僕はまだ自分がどれだけ休めばいいのか、トレーニングと休養の塩梅がつかめていないので、探り探りです。今年のオフは投げる回数を減らして、トレーニングを中心にしてみたんですけど、それで今年はどうなのか、実験的なところもあります。

鈴木　ただ、ステージが上がれば上がるほど、やっぱりやることって増えるんだよな。今年の自主トレも2年連続で松井裕樹さん（パドレス）とやらせてもらったけど、まだ知らなかったことが結構あって勉強になったし、自分のなかでもどんどんやるべきことが増えている。おそらくこれから先はもっと大変になっていくんじゃないかな。

横山　そういう意味では、日本のトップチームである侍ジャパンに召集されたこともよかったのかな。でも、全然結果を残せなくて苦い思い出。悔しい時間でしかなかったです。

鈴木　いろんな選手と話ができて、いい経験にはなったんだけど、俺もいい場面で投げることができなかったし、優勝もできなかった。個人的にはいい大会だったとは言えないな。

横山　一番プレッシャーが掛かる9回を任されるクローザーになるには、まだまだ乗り越えなきゃいけないことがありますよね。僕自身、去年も4度9回に投げているんですけど、そのうち2回が失敗です。変に考えすぎなのかなって思うけど、あそこはやはりちがいますよね。

鈴木　9回の重圧はやっぱり独特。なんでか、いい打順が回って来るし、相手もラストチャンスだと思って攻めてくるから、こっちも絶対に投げ勝つという気持ちがないと抑えられない。俺も吉井さんに指摘されたんだけど、最初のころはピッチングが変わってしまっていたんだよね。最後の3セーブぐらいはいつも通り投げられたけど、やっぱりこの回で勝敗が決まるという勝負は緊張感あるよ。

横山　球場の雰囲気もランナー1人出るだけで、ワーッと盛り上がるじゃないですか。ランナー1人ぐらい全然大したことないのに、逆転あるぞみたいな雰囲気が出てくるんで。変に考えすぎてしまうのかもしれないけど、なんか嫌だなって雰囲気あるじゃないですか。そういうものにも打ち勝てる、メンタルの強さが必要だとは思います。そういう意味でもやっぱり益田さんはすごいなと思います。

鈴木　でもね、宣言しないと獲れないから。

横山　ここに益田さんがいても「いつでもクローザーの座を奪ったるぞ！」ぐらいは言えないといけませんよね(笑)。

鈴木　ホントだよ。ここで俺が「クローザー獲ります」って言わなきゃいけないし、いつまでも益田さんに頼っているのもちがう。あの人がいなくても大丈夫だなって思ってもらうためにも、絶対に獲らなきゃいかんよ。

横山　"その全ては、勝つために。"って今年のスローガン、いいですよね。自分が野球を始めてから積み上げてきたものを全部、勝つために繋げるんだって思いながら練習やそれ以外のことをやる。チームもですけど個人的にも勝つためにやりますよ。

鈴木　勝つためには自分自身が進化しないといけないからな。個が進化すればチームももっと勝ちに近づく。24時間、限りある時間のなかで、どれだけ野球に費やせるかだよ。無駄な時間は俺らにはない。

横山　今年は益田さんとも昭汰さんとも、本当に勝負になりますね。バチバチでいきますよ(笑)。

OUTFIELDER

山本大斗

ずば抜けた結果でアピールする。
長打力で魅せる"ダイナマイト"

「ホームランや打点もそうですけど、長打を打ってランナーを返して、二軍でずば抜けた結果を出せば、一軍の首脳陣にアピールできるはず」と語るように、昨季は二軍で本塁打王・打点王の二冠に輝き、一軍でも初の長打を記録した。

特に8月以降は「打率を上げることを意識しました」と、タイミングの取り方を工夫。ファームで打率.377を記録し、持ち前の長打力に加えて確実性も向上させた。課題は、一軍の投手に対応して結果を残すこと。今季こそ、一軍での初本塁打を狙う。

今季から一軍の打撃コーチに就任した栗原コーチは、昨季までファームで山本を指導しており、成長を間近で見てきた。「僕もそうでしたけど、二軍から一軍に上がると、どうしても結果を出したい気持ちが強くなって焦ってしまう。一軍でも落ち着いてプレーできれば、彼のよさがどんどん出てくると思う」と期待を寄せる。昨季限りで現役を引退した井上晴哉さんも、「二軍ではホームランキングだったから、すごく期待しています」と、潜在能力に太鼓判を押す。迷いなく振り切って、愛称の"ダイナマイト"のような打撃の爆発力を見せつけたい。

Born	2002年8月9日（22歳）
Ht.Wt.	180cm　88kg
T / B	右投げ／右打ち
Pos.	外野手
Birth	鳥取県
Career	開星高一千葉ロッテ

61

DAITO YAMAMOTO

63
KOSHIRO WADA

OUTFIELDER
和田康士朗

走塁のスペシャリスト
打撃に生き残りをかける

　昨季、11度の盗塁機会を全て成功させた"失敗しない男"。1点を争う場面での出場が多く、ミスの許されない代走では何を心がけているのか。「そのときの状況やピッチャー、守備位置を確認し、盗塁ができそうな場面なら積極的に狙います。厳しい場面では、一塁からでもプレッシャーをかけ、長打で一気に生還するような意識でいます」と語る。

　広い守備範囲も和田の持ち味だ。新人時代には、当時チームメイトだった岡田幸文さんから「試合前の打撃練習中に外野で打球捕した方がいい」とアドバイスを受け、試合前練習では打球捕に多くの時間を割くようになった。「岡田さんの教えもありますが、ノックを受けるより実際に飛んでくる打球を捕る方が練習になります」とのこと。

　和田の最大の武器である"足"を生かすためには打撃力の向上がカギを握る。春季キャンプでは、全体練習後に黙々と打撃マシンを相手に、2時間近くバットを振り込む姿があった。「もう本当に、そろそろチャンスもなくなってくる年齢になるので、危機感を感じながら打撃に取り組んでいます。足が衰えてくる年齢も近づいていると思うので、バッティングでアピールしていかないと生き残っていけない。バッティングを一番に頑張りたい。今季は1試合でも多くスタメンで出られるようにしたい」と、並々ならぬ決意で打撃の向上に取り組んでいる。走塁と守備力は非常に高いレベルにある。打撃でアピールできれば、外野のレギュラーも見えてくる。

Born	1999年1月14日（26歳）
Ht.Wt.	185cm　77kg
T／B	左投げ／左打ち
Pos.	外野手
Birth	埼玉県
Career	小川高－BC・富山－千葉ロッテ

寺地隆成

打撃に非凡な才を持つ高卒捕手。
確実性を高めて一軍入りへ

　昨季、二軍でリーグ2位となる打率.290をマーク。寺地の強みのひとつは、高い自己分析力。昨季、6月に打撃の調子を落とした際も「引っ張ろうと意識しすぎて、体が開いてしまったのが原因」と分析。修正後はセンターから逆方向を意識し、7月には二軍の月間MVPを獲得した。打撃コーチを務めていた栗原コーチも「修正能力がある。高卒1年目の選手がなかなかできることではないので、すごいなと思って見ていました」と評価する。

　一軍では2試合に出場し、10月3日のファイターズ戦で1番・指名打者としてプロデビュー。試合前の出場選手紹介では、カメラに向かってポランコばりの"パワー！"ポーズを決めた。「ポランコさんとソトさんとよく一緒に映っている大下さんに、何がいいですかね？　と聞いたら、『腕まくって"パワー！"をやっとけ』と言われて、そのままやりました（笑）」と、パフォーマンスの裏話を教えてくれた。

　打撃好調のバロメーターは、センターから逆方向へ打てているかどうか。一軍昇格後の初打席ではレフト方向にプロ初安打を放ち、「センターから左方向への強い打球が自分の長所なので、1打席目に出せたのはよかったです。個人的にも評価できるポイントだったと思います」と話した。2年目の今季は、一軍の舞台で1試合でも多く活躍したい。

Born	2005年8月19日（19歳）
Ht.Wt.	177cm　82kg
T / B	右投げ／左打ち
Pos.	捕手
Birth	東京都
Career	明徳義塾高－千葉ロッテ

65
RYUSEI TERACHI

澤田圭佑

尽きぬ探究心が成長のカギ
なによりも野球を愛する好漢

2022年に右肘のトミー・ジョン手術を受け、本格復帰2年目となった昨季。「ファームにいる時間の方が長かったですが、ケガで離脱しなかったのは最低限よかったところです。一・二軍合わせて42試合に登板できて、手術後に登板数が伸びているのはひとつの収穫」と手応えを語り、今季へ向けた成長の糧とした。

探究心が強く、新たな球種を自分のものにする器用さがある。2023年は前田健太選手（タイガース）、トレバー・バウアー選手（ベイスターズ）のYouTubeを参考に、スプリットチェンジを習得。昨季は、春季キャンプで西村からフォークを学び、シーズン中には吉井監督の助言を受け、スライダーやナックルカーブにも挑戦した。10月の秋季練習では「ジョニーさん（黒木投手コーチ）にフォームのイメージを教えてもらい、そのフォームでスライダーを投げたら、結構曲がり始めた。曲げる感覚は西野さんや唐川さんにも教わって、ちょっと面白くなってきています」とニヤリ。スライダーに好感触をつかんだ。

大阪桐蔭高から東京六大学の立教大へと進んだ野球エリートながら、気取ったところは一切ない。試合前の練習後には報道陣にグータッチをしたり、「今日も取材お疲れ様です！」と声をかけたりする姿が印象的だ。

「なによりも野球が好きなんで」と笑顔で話す、謙虚な男。学び得た知識を糧に、新たなシーズンを戦い抜く。

Born	1994年4月27日（30歳）
Ht.Wt.	178cm　96kg
T / B	右投げ／左打ち
Pos.	投手
Birth	愛媛県
Career	大阪桐蔭高－立教大－オリックス－千葉ロッテ

茶谷健太

毎日がラストチャンスだと思って
チームのためにプレーする

　内野のユーティリティプレーヤーとして2年連続で一軍完走し、昨季は自己最多の88試合に出場。打撃では苦しむ場面も多く、スコアボードにHランプを灯す機会がなかなか増えなかったが、下半身をしっかり使い、センター方向を意識した打撃練習を継続した。「ダメだからといって変えることではないなと思って、やってきたことを継続しています。結果が出るとしても、1～2年かかる話なので、すぐにできたら苦労しない」というのが茶谷流の考え方だ。

　まじめで物静かな印象があり、マリーンズ加入後も黙々と練習に打ち込む姿勢は変わらない。一方で、昨季までチームメートだった佐々木朗希投手（ドジャース）をはじめ、後輩たちからイジられることが多いのも、多くのチームメイトから"個性的"と評される彼の人柄ゆえか。育成から支配下登録を勝ち取った経験を通して、「本当に試合に出られるだけでうれしい。毎試合、今日がラストチャンスだと思ってやっています。一軍に置いてもらったからには、少しでもチームの力になれるように」と、一軍の舞台に立てる喜びと、首脳陣へ感謝の言葉を述べることが多い。

　レギュラーをつかむためには「打てなければレギュラーにはなれないので、打つしかない」と力強く語る。得意の左投手からしっかり打って、限られたチャンスをものにしていきたい。

Born	1998年1月16日（27歳）
Ht.Wt.	186cm　88kg
T / B	右投げ／右打ち
Pos.	内野手
Birth	神奈川県
Career	帝京第三高－ソフトバンク－千葉ロッテ

67

KENTA CHATANI

INFIELDER

金田優太

高い打撃センスの持ち主
体も技術も伸び盛り

　プロ1年目の2023年は「体力的にキツかった」と振り返るが、2年目の昨季は「慣れもあって、2023年よりはいい感じです」と成長を実感。不安だった体力面を克服できたのは、2年目に向けてのオフシーズン、ウエイトトレーニングを中心に体を鍛え上げ、走り込みで自身を追い込んだ成果だ。さらに、試合後にもウエイトトレーニングを行い、「まだまだ技術的に足りないので、人より多く練習しないといけない」と貪欲に取り組んだ。「毎日練習が続くので、休まないといけないと思って寝ています」と、寮に戻れば早めに就寝し、休息も大切にする。まだ成長過程にある若者は、練習と休養のバランスを取りながら、確実に成長を遂げている。

　打撃フォームがコンパクトになった昨季6月、ファームで月間打率.371をマークし、好調を維持。「少しタイミングの取り方を変えたので、結果的にそうなったのかもしれません」と振り返る。持ち味は、早いカウントから積極的に振っていくスタイル。「初球、ファーストストライクは甘い球が来る確率が高いので、そこを狙います。制球に苦しんでいる投手相手なら、状況を見て1球待つこともあります」と、打ちにいく姿勢を持ちながらも、場面に応じた対応ができる。昨季はケガの影響でフル稼働が叶わなかったが、バットコントロールにも定評があり、今季はその打撃センスを一軍の舞台で発揮したい。

Born	2005年2月12日（20歳）
Ht.Wt.	183cm　83kg
T / B	右投げ／左打ち
Pos.	内野手
Birth	埼玉県
Career	浦和学院高－千葉ロッテ

国吉佑樹

打たせて取る投球で復活。
今季も進撃を続ける

　速球を武器に奪三振を狙っていく投球スタイルだったが、昨季から「どんどん打たせて、アウトを重ねていく方向でやっています」と、打たせて取る投球にシフトして復活。中継ぎとして41試合に登板し、球団記録を更新する24試合連続無失点を達成するなど、結果を残した。今季も「昨季のよかった部分は、そのまま継続したいと思います」と、同様のスタイルで勝負する考えだ。一方で、「もう少し三振を取れるようにしたい」とも語り、41回2/3で21奪三振だった数字を伸ばすことを目指す。「まずは一軍の枠を勝ち取らないと、ポジションも見えてこない。しっかりつかみにいく」と、昨季は好結果を残したが、慢心はない。

　昨季は移籍4年目にして初めて、交流戦で古巣・ベイスターズ戦に登板。「一緒にプレーしていたので対戦経験がない。同期入団なので意識する部分もあるけど、もし対戦できるなら抑えたい」と、同期の筒香嘉智選手との対戦を熱望するも、実現には至らなかった。今季、その機会が訪れるか注目だ。また、昨季ベイスターズが日本一に輝いたことについては「古巣だからうれしい気持ちもあるけど、それだけではダメ。次は自分たちがそうならないといけない」と、マリーンズでの優勝への思いを一層強くした。

Born	1991年9月24日（33歳）
Ht.Wt.	196cm　106kg
T / B	右投げ／右打ち
Pos.	投手
Birth	大阪府
Career	秀岳館高－DeNA－千葉ロッテ

97

TAYRON GUERRERO

97

PITCHER

タイロン・ゲレーロ

帰ってきた幕張の"ヒガンテ"
頼れる男の剛速球に期待

　頼れる剛腕"ヒガンテ（スペイン語で巨人の意味）"がマリーンズに帰ってきた。2022年以来、3シーズンぶりのマリーンズ復帰となる。前回在籍時は、勝ち試合のリリーバーとして49試合に登板し、3勝3敗24ホールド、3セーブ、防御率3.52の成績を残した。最速163キロを記録した速球が魅力だが、「マックスは167キロ。今年はマリーンズファンのみなさんの前で168キロを投げて、打者を抑えて優勝に貢献したい」と、自己最速の更新に意欲を見せる。「大好きな日本、そしてマリーンズに戻ってこられたことが本当にうれしく、興奮しています」と、日本でプレーできることに喜びを感じている。また、「吉井監督の現役時代のプレー映像を見る機会があって、フォークを投げていたので、教えてもらいたいと思っていた」と話し、監督直伝のフォークも習得。心強い武器も手に入れた。

　今季、再びチームに戻ってきて雰囲気はどうかとたずねると、「チームの雰囲気はとてもよいです。今回は春季キャンプから参加できたこともうれしいですね」と笑顔を見せる。3年前の経験を踏まえ、「マウンドに上がるたびに全力を尽くし、チームの勝利に貢献したい。健康でいれば、特定の数字を意識せずとも、ベストな成績を残せると思っています」と大車輪の活躍を誓った。

Born	1991年1月9日（34歳）
Ht.Wt.	203cm　112kg
T／B	右投げ／右打ち
Pos.	投手
Birth	コロンビア共和国
Career	ドミンゴ・ベンケス・ビオホ高ーパドレスーマーリンズーホワイトソックスー千葉ロッテーレッズーレッドデビルズーエンゼルスー千葉ロッテ

ネフタリ・ソト

打の中心としてチームを牽引
頼れるみんなの"ソト先生"

「自分としてもチームとしても浮き沈みがあったけど、不満はなく、よいシーズンだった」。移籍1年目の昨季、4番打者として、チームを何度も勝利へ導いた。打点はリーグ2位の88、得点圏打率もリーグ3位の.321。チャンスでは「ピッチャーのプレッシャーが大きい場面。できるだけ自分にはプレッシャーをかけないようにしています」と、精神状態をコントロールしながら打席に立っている。一塁守備でも投手陣を幾度となく助け、プレー面だけでなく、チームメイトへアドバイスを送るなど、兄貴らしい一面もある。

移籍1年目とは思えないほどチームに溶け込み、経験と実績に裏打ちされた野球理論を惜しみなく伝える姿から、"ソト先生"と呼ばれ親しまれている。仲のよい大下とはホームラン後、カメラに向かってパフォーマンスを披露し、小島もソトの助言を生かした投球で、勝利を呼び込んだ。リーグ優勝を目指す戦いのなか、「やるべきことを徹底してやって、自らコントロールできる部分に意識を向ける。勝ち負けは自分で決められないが、勝利に繋がる準備をするのが一番」と、自分ができることに集中している。

誰もが「ナイスガイ」だと口にする信頼の厚いソト。その力でチームをリーグ優勝へと導く。

Born	1989年2月28日（36歳）
Ht.Wt.	185cm　97kg
T / B	右投げ／右打ち
Pos.	内野手
Birth	プエルトリコ
Career	マリスタ・デ・グアイナボ高ー レッズーホワイトソックスー ナショナルズーDeNAー 千葉ロッテ

99

NEFTALI SOTO

千葉ロッテマリーンズの観戦チケット申込みは
セブンチケットで!

NEW!!

フィールドウイング・カウンターシート

サブマリン・シート

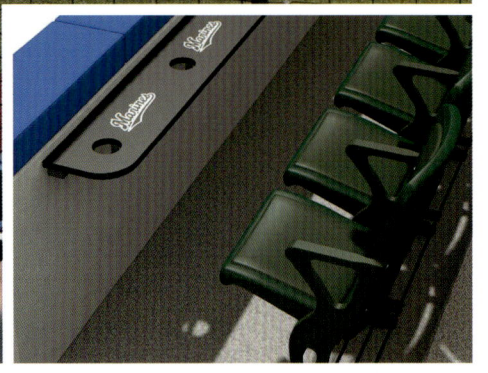
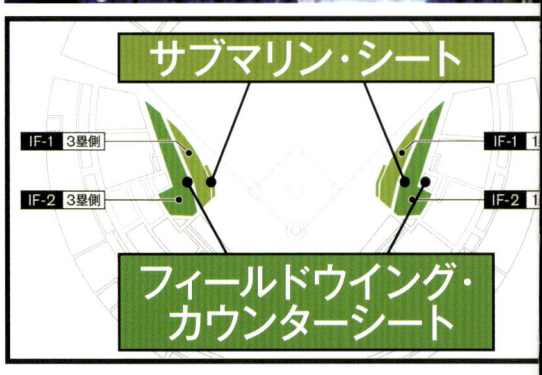

店内マルチコピー機からの購入なら

手数料無料!　　会員登録不要!

※WEBサイトからのお申込みには、会員登録（無料）が必要です。別途、手数料がかかります。詳細はこちら

ROOKIES

6

MISHO NISHIKAWA

OUTFIELDER

西川史礁

日本を代表する打者になる。
快音響かせるゴールデンルーキー

　オープン戦で快音を響かせて、ひときわ注目を集めている若き"右の大砲"候補。昨年のドラフトの目玉として、2球団競合の末に獲得したドラ1だ。吉井監督は「チームカラーに合っている選手」と評価し、榎康弘アマスカウトディレクターも「将来的にはマリーンズ、日本を代表する選手になってくれることを期待しています」と、楽しみな存在。背番号「6」は、落合博満さん、初芝清さん、井口資仁さんら"右の大砲"が背負った伝統の番号。球団の期待の大きさが伝わってくる。

　上田とは大学時代に日本代表でチームメイトだったこともあり、入団前から顔見知り。「希由翔さんと自分がクリーンナップを打たせていただいて、希由翔さんが後ろにいたので頼りになりました。野球でも普段の生活でも優しくしてくれました」と振り返る。入団が決まってからは連絡を取り合った。

　吉井監督、益田、西村、東妻と、マリーンズには和歌山県出身の選手が多いことも、縁を感じさせるポイントだ。「なかなかないことなので、すごく縁を感じます」と話し、出身地・日高川町が徳川吉宗の生誕地であることにちなんで、「野球の成績で暴れたい」と意気込んでいる。「シーズンを通して出られるように頑張ります。新人王を目指してやっていきたい」と、球団では2014年の石川歩以来の新人王を目指す。

Born	2003年3月25日（22歳）
Ht.Wt.	182cm　88kg
T／B	右投げ／右打ち
Pos.	外野手
Birth	和歌山県
Career	龍谷大平安高ー青山学院大ー千葉ロッテ

新風を吹かせる
若き大砲

10 上田希由翔   6 西川史礁

2023年と2024年、ひとつちがいのドラフト1位。マリーンズの未来を担わなければならない超期待の若手野手は、大学時代に日本代表でクリーンナップを組んだ経験もある左右の大砲候補。"日本一やさしい"希由翔と、"失敗しない男"史礁が、今年のマリーンズを変える。

二人の関係性

上田 大学時代からの知り合いとは言うけど、リーグは東都と六大で、自分の方が1学年上。実際には侍ジャパン（大学選抜）での1か月ぐらいしか一緒にいなかったので、そんなに関わることもなかった。だけど、史礁が失敗する姿は一度だって見たことがない。完璧な男だよ。

西川 そんなことないですよ。この今しゃべっている感じもそうなんですけど、希由翔さんは日本一やさしい先輩だなって印象が僕にはずっとありました。

上田 まぁ……別に怖く売っているわけではないからね。それはよかったですけど。ポジションは内野と外野、打席も左と右でちがうし、ライバルという感じはあんまりしない。共通しているのは二人とも珍しい名前だってこと。

西川 僕の名前は生まれたときに名付けの人にもらった候補のなかから選んだらしいんですけど、『まっすぐに進む』『先頭に立って人を導くことができる』という意味らしいです。

上田 自分は親がポケベル世代だったから、9・1・0できゅうとって数字で表せるので決めたらしくて、野球に繋げる意図とかは全然なかったみたい。

西川 でも特徴がある方が下の名前で呼んでもらえるじゃないですか。僕は好きですよ、自分の名前。本心かはわかりませんが、周りも『かっこいい』と言ってくれますしね。

上田 史礁はかっこいいかもしれないけど、"キュート"って言われても、かっこよくはないからね（笑）。

西川 かわいい響きですよね。

上田 そうだよね。なんか名前に反して成長しちゃったな。吉井監督だけはなぜか『きゅうの字』って呼ぶんだけどね。

西川 （笑）。でも僕は希由翔さんの大学時代のキャプテンシーはハッキリと覚えていますよ。侍ジャパンのときに、首に牽制球が当たって希由翔さんが救急車で運ばれた試合があったじゃないですか。あのときだって、病院に運ばれてからもチームに対して頑張れとエールを送り続けてくれて。いつなんどき、自分がどんな状況にあろうとも、チームを鼓舞する姿勢はずっと見ていましたし、本当にかっこいいと思います。

上田 史礁の青学（青山学院大学）とは、全日本大学選手権の決勝でやって負けているからね。それまでは「東都」という括りでしか意識していなかったけど、あそこからはハッキリと「青学」と意識するように変わったよ。

西川 僕らのライバルはやっぱり（東京）六大学でしたからね。自分がチームに入って初めて優勝したのが3年生の春。それこそ明治との決勝に勝って、やっと青学の名前が出始めたという感じでした。希由翔さんのことはチーム全員で研究していましたよ。あの決勝戦でも初回にいきなりレフトを守っていた僕のところへ大飛球がきたじゃないですか。定位置だったら危なかった。

"マリーンズは毎年、CSで戦える
　強いチームという印象がありますし、
　去年は希由翔さんのことも意識的に
　見ていました "（西川）

上田　覚えているよ。あれ史礁だったのか。絶対に抜けたと思ったのに。逆に史礁はその回の裏にサードの俺の頭の上を越えるツーベースを打って先制点だもんな。

上田　ところで史礁って、入団前にマリーンズのことをどれだけ見ていた？

西川　シーズン中に観ていたのはセ・リーグ中心だったんですけど、CSはパ・リーグももちろん見ていました。マリーンズは毎年、CSで戦える強いチームという印象がすごくありますし、去年は希由翔さんのことも意識的に見ていましたよ。ドラフトで決まったときも一番最初に思い浮かんだのが希由翔さんですし。

上田　自分もドラフトは観ていたけど、史礁が指名されて「おーっ！」となって、インスタのDMで「おめでとう！」って送ったんだよね。

西川　あれ、僕から連絡したんじゃなかったですか？

上田　……そうだっけ？（笑）

西川　多分、僕から連絡して、おめでとうって返していただいたと記憶しています。

上田　まあ、ドラフト会議はやっぱり緊張するからね。自分はずっと緊張していたよ。秋のリーグ戦があったから試合のときは集中できたけど、終わってからドラフトまでの1週間がもう、緊張で眠れなくってね。

西川　僕は秋のリーグ戦で骨折してしまって、途中から試合に出られなくなったので、スカウトの人にプレーを見せる機会がなくなってしまった。どうなるんやろ……って不安ななか、ドラフトで名前を呼ばれたときは、本当にうれしかった。小さなころから夢見ていた場面ですからね。

上田　あの瞬間の気持ち、すごくわかる。

西川　希由翔さんがDMで「わからないことがあったら何でも聞いてくれ」って言ってくれたじゃないですか。初めての世界ですし、やっぱりめちゃくちゃ不安でしたから、本当に助かりましたし心強かったです。

上田　それは1年目に俺が戸惑ったことでもあるんだよ。明

> **とにかく自分たちはバッティングで
> 結果を残さないといけない。
> チームの課題である長打力で
> 貢献したい** （上田）

治大学から直接マリーンズに入団したのって俺が初めてだったから、入団しても、誰に何を聞いていいのかわからない不安な気持ちがいつもあったんだよね。ちょっとでも手助けになれたらよかった。

西川 改めて、ありがとうございます。

上田 キャンプはいきなり「さあ、どうぞ」みたいな感じではじまるでしょ。1日の流れがわからない、新人がやらなきゃいけないこととか、今はもう自主練習をやっていい時間なのかどうかもわからないから、その度に戸惑うんだよね。

西川 チームに入る前も入った後も、希由翔さんには本当にお世話になりっぱなしです。

マリーンズの背番号「10」と「6」を背負う

上田 背番号「10」は大学時代もつけていたのでなじみもあるし、マリーンズだと張本勲さんをはじめ、古川慎一さん、大松尚逸さんが背負った本当にありがたい番号をいただいたと思ってる。背番号に見合うように、先輩方のように、もうとにかく自分は頑張るだけ。

西川 僕は一桁の背番号をつけたいなと思っていたので素直にうれしかったです。しかも、6番ですからね。やっぱり、青学の先輩の井口資仁さんの顔が浮かびましたし、うれしいだけじゃなくて、しっかりとやらなきゃいけないとも感じました。

上田 自分も去年経験したけど、ドラフト1位はやっぱり何をしても目立ってしまうからね。打って目立つのはいいけど、ミスしても目立ってしまう。それだけ期待されていて、気にしてもらっているんだなってことは感じるけど、それで変に"よく見せなきゃ"と力が入ってしまった。現状でできないことはできないと割り切って、できることを精一杯やれたらよかった。

西川 僕も今までやってきたことをそのままこのプロの世界で試してみようと思っています。ドラフト1位として見られることはやっぱり多いと思いますが「ここでいい結果を出せたら名前を売ることもできる」とプラスに捉えたい。そうやってポジティブに考えてきたのが、僕がやってきたスタイルで

もありますからね。

上田 あとはプロの1年目だと周りから休めと言われても、どうしても練習しすぎてしまう。それはもう仕方のないことだと思うから、そのなかで自己管理の部分はしっかりやって、どうにかしてケガをしないように頑張るしかないよね。

西川 はい。やっぱり練習はやりすぎちゃいますね。「飛ばしすぎるなよ」と言われていたので注意していたんですけど、やっぱり最初のうちはペース配分がわからず体力的にもきつい部分が出てきたこともありました。今も身体のキレを見れば、わからないところで身体が疲れていると判断できるので、しっかり休養を取ることが重要だなと思いますし、最近は休みの日は部屋でゆっくりと過ごして、休むときにちゃんと休めるようにもなりました。

上田 自分も休みの日は部屋で寝てる（笑）。今回のキャンプは去年とは気持ちも取り組み方も全然ちがう。自分のやりたいこと、やらなきゃいけないこと、疲れたなかでもどうやって身体を動かせるかをしっかり考えて出来ているから、充実感が全然ちがうよ。

西川 チームの人たちを見ていると、練習に取り組む姿勢とか、やっぱりプロはちがいますよね。自分の人生が懸かっている分、みんな必死に、全員がライバルだと思うので、そういう面に関してはアマチュアでは経験したことのないような空気感がありますね。

チームスローガン "その全ては、勝つために。"

上田 自分の解釈としては、人間ってどうしても妥協したい気持ちが出て来るときがある。「あー、今日はこの程度でいいかなあ」と思ってしまうとき、「それ、本当に勝ちに繋げているの？」と自問自答をするための言葉のようにも思っているんだよね。

西川 何事も勝つために、練習するのももちろん勝つためですし、今僕が重点的に取り組んでるウエイトとかも、自分に課して、自分を強化して活躍できるようになれば、その全てがチームの勝ちに繋がってくると思うので、自分のモチベーションにもなりますよね。僕はそう解釈しました。

上田 自分は去年、本当に悔しい結果で終わってしまったからね。本当にケガだけはもったいない。もう絶対に繰り返したくないからね。今年は試合に出ること。出場試合数と同じだけ安打数を打つことを一発目の目標にして、そこから打点やホームラン、盗塁とかをどんどん積み重ねていくことに、こだわっていきたい。

西川 希由翔さんのバッティングは侍ジャパンのときに近くから見ていましたけど、ヒットを打たない日がないというか、コンスタントに右にも左にも両方打てるし、変化球にも対応できる幅の広さもあって、フォアボールも取れる。それに加えて長打も打てるバッターですからね。普通にやれば3割を打てる人だと思っています。

上田 とにかく自分たちはバッティングで結果を残さないと

ね。ホームランはなかなか出ないかもしれないけど、チームとして課題になっている長打力っていうところでも貢献したいし、結果を出すために自主トレからやってきたからね。

西川 僕も一番活躍できるバッティングで結果をしっかり残すこと。この人に回せば打ってくれると期待されるような、そういうバッターになりたいので、そのために今日も明日も練習をしっかりやりきって、レギュラーを取る。そういう強い気持ちでやっています。最終的には新人王という一番大きなタイトルを獲ることが最高の結果ですけど、そのためにはしっかりと自分の体と向き合わないといけない。まだまだフィジカル的にも弱いところもあるので、鍛えながらやっていきますよ。

上田 史礁はどんな球にもフルスイングで対応できるのが、自分にはない魅力だからね。新人王獲れるよ。宗山選手（イーグルスの2024年ドラフト1位・上田の明治大学時代の後輩）よりも打てると思う。

西川 いやー、獲りたいです（笑）。やっぱり世間は宗山選手に注目しているので、ここで新人王を獲れたら、自分としては最高ですね。そのムードを打ち破れるように頑張っていきます！

宮崎竜成

日々の努力でつかんだプロ入り
明朗快活な即戦力ルーキー

　走攻守のレベルが高く、内野手として打撃・守備ともに期待される、ドラフト2位ルーキー。自身の打撃スタイルについて「打率を残しながら広角に長打を打てるタイプだと思います」と自己分析する。さらに「ストライクゾーンのボールをしっかり捉えられているときが、いい状態。ボール球に手を出してしまうときは、自分のなかでエラーが起きているときなので、日々のバッティングで修正を重ねます」と語る。

　立命館大時代にプロ志望届を提出するも、ドラフト指名を受けられず、社会人野球のヤマハへと進んだ。「技術向上はもちろん、プレー以外の時間もどう野球に繋げるかを、2年間常に考え続けてきたことが、一番の成長だと思っています」と振り返る。プロを目指し、日常生活でも徹底的に自己管理。「例えば、周囲が休日に遊びに行ったり飲みに行ったりしているときは、休養のために時間を確保しました。オフは大阪のジムに通い、寝る時間や起床時間を管理して、生活リズムを整えることを続けてきました」と語る。日々の努力が、プロへの扉をこじ開けた。

　母はソフトボールの五輪代表選手だったという宮崎。自身もいつの日か日の丸を背負う選手になりたいと夢見るが、「まずはケガをしないことを最優先に、1年間試合に出続けて、マリーンズの日本一に貢献できるよう頑張りたい」と、今は目の前の目標に集中。持ち前の明るい性格で、声を出してチームを盛り上げ、即戦力として活躍してみせる。

Born	2000年12月9日（24歳）
Ht.Wt.	173cm　90kg
T / B	右投げ／左打ち
Pos.	内野手
Birth	徳島県
Career	創志学園高－立命館大－ヤマハ－千葉ロッテ

PITCHER

一條力真

長身を生かした投球で
リリーフ陣に割って入る

　身長190センチ、体重90キロ。スラリとした長身から投げ下ろすストレートとフォークを武器に、プロの世界へ挑む。昨年12月の新入団選手発表会では、「自分の持ち味はフォーク。たくさん三振を取りたい」と、目指すタイトルに奪三振王を挙げた。春先に行われた3月のロッテ・ジャイアンツとの練習試合では、1回を投げて2奪三振。三振のひとつはフォークで奪ってみせた。

　カウントを取るフォークと、三振を奪う決め球のフォークの2種類を操り、「ZOZOマリンスタジアムでは風の力を借りてフォークがよく落ちると聞いているので、その特性を生かしたい。もちろんストレートも見てもらいたいです」と、得意球で強打者をねじ伏せ、実力者ぞろいのリリーフ陣のなかに割って入りたい。「一軍でリリーバーとして活躍するために、球速をもっと上げないといけないですし、変化球もフォークだけではなく、もうひとつ覚えたい」と新しい変化球にもチャレンジする。

　常総学院高出身で、鈴木昭汰は先輩にあたる。「リリーフでの登板が増えると思うので、防御率0点台を目標にやっていきたい」と、昨季中継ぎとして鈴木が残した防御率0.73を目指したいと意気込む。また、佐藤都志也は東洋大学の先輩にあたり、「頼もしいですし、キャッチャーなのでバッテリーを組めたらいいなと思います」と話す。縁のある二人とともに活躍するためにも、まずは一軍入りを目指してアピールしていきたい。

Born	2003年2月10日(22歳)
Ht.Wt.	190cm　90kg
T／B	右投げ／左打ち
Pos.	投手
Birth	茨城県
Career	常総学院高ー東洋大ー千葉ロッテ

41

RIKIMA ICHIJO

坂井 遼

夏の甲子園準優勝投手
夢は大きく、目標も高く

「高校時代は、憧れの山本由伸選手（ドジャース）を超えていこうという気持ちで取り組んでいました」と語る、昨年夏の甲子園準優勝投手。最速151キロのストレートをさらに磨くため、体を大きくし、パワーアップを目指している。「ストレートをより速く見せるために、スライダーやカーブとの差を意識して練習しています」と、緩急を生かした投球が持ち味。2種類のスライダーを使い分ける、クレバーな右腕だ。

関東第一高出身で、天真爛漫なキャラクター。東京の高校出身だが、地元は千葉県富里市。昨年12月の新入団選手発表会では、自身の武器として、ストレートとともに富里産のスイカを挙げ、「スイカも食べてください！」とユーモアを交えてアピール。特技は「けん玉」と話し、入寮時にも私物としてけん玉を持ち込み、報道陣の前で披露。一見、野球とは関係がなさそうだが、本人は「集中力アップとスクワットにもなる」と説明してくれた。

「1年目、2年目はしっかりとした体づくりをしつつ、一軍の舞台に一日も早く上がりたい。170キロも投げてみたい」と可能性は無限大だ。どんな投手に育っていくか、この先が楽しみだ。

Born	2006年5月8日（18歳）
Ht.Wt.	178cm　78kg
T / B	右投げ／右打ち
Pos.	投手
Birth	千葉県
Career	関東第一高―千葉ロッテ

廣池康志郎

質の高いストレートを武器に
チームを勝たせられる投手になる

「大学2年のオープン戦で初めて150キロが出て、そのときにもっと上のレベルで野球がしたいと思い、少しずつプロを目指すようになりました」。入学当初は細身だったが、4年間のトレーニングで大きく成長し、高校時代から球速を12キロ伸ばして最速153キロをマーク。「マックスの球速を上げることも大事ですが、プロでやっていくにはアベレージも上げていかないといけない。平均球速150キロくらいで投げられるようにして、最速は155キロを目指したい」と、自慢のストレートを磨いていく。

チェンジアップとスプリットも、武器として持ち合わせている。「決め球としての精度を上げていかないといけないかなと思います」と、プロの世界で三振を奪える球、決め球を見つけていく。

「牛が大好き」と話す、純朴な一面もある。自然のなかで育ち、大学では農学部に進学し、畜産を学んだ。関東での生活については、「今のところ、ストレスは感じていないです。これまで関東には高校の修学旅行で来たくらいですね。ディズニーランドや渋谷、原宿などに行きました。高いビルが多くて、つい見上げてしまいます」とのこと。

出身は都城農業高で、同校卒業生には"精密機械"の異名を持ち、通算213勝135完投を記録したカープOB・北別府学さんがいる。偉大な大先輩のような勝てる先発投手を目指す。

Born	2002年9月16日（22歳）
Ht.Wt.	185cm　85kg
T / B	右投げ／左打ち
Pos.	投手
Birth	宮崎県
Career	都城農業高－東海大九州キャンパス－千葉ロッテ

64

KOSHIRO HIROIKE

49

YU TATEMATSU

立松由宇

三振しない選手になりたい。
松戸市生まれのオールドルーキー

内野手登録ながら捕手もこなす、26歳のオールドルーキー。早いカウントでは積極的にスイングし、追い込まれてからはミートに徹する打撃が持ち味だ。「社会人時代は5番を打っていましたが、繋ぐことを意識していました。ホームランを捨てたというか、ヒットに重きを置いたバッティングに切り替えました」と語る。プロの舞台でも「そこを評価されたと思うので、ヒットを量産して、三振しない選手になりたい」と決意を新たにする。

一足先にプロ入りした同学年の高卒組は、今季で9年目、大卒組は5年目を迎えるが、特に意識することはなかったという。「プロ野球は大人になってからあまり見ていなかったですし、自分の好きな野球を、どんな環境でも続けられれば、幸せな人生だなと思っていました」と語る。

出身は千葉県松戸市で、2024年の大相撲九州場所で優勝した琴櫻関は、千葉県松戸市の同じ小学校の1学年上の先輩で幼なじみ。「小学校の校庭で学年ごとにサッカーをしていたときに、せっかくだから試合をしようとなって、1つ上の学年と自分たちの学年で、一緒にサッカーをした記憶がありますね」と、幼少期を振り返った。「千葉で野球ができるのは、本当にうれしいです。昔から好きな球団だったので、縁あってマリーンズでプレーできるのはうれしい」と、地元でのプレーに喜びを感じている。

Born	1999年2月5日(26歳)
Ht.Wt.	177cm　82kg
T / B	右投げ／左打ち
Pos.	内野手
Birth	千葉県
Career	藤代高−立正大−日本生命−千葉ロッテ

130

TSUYOSHI TANIMURA

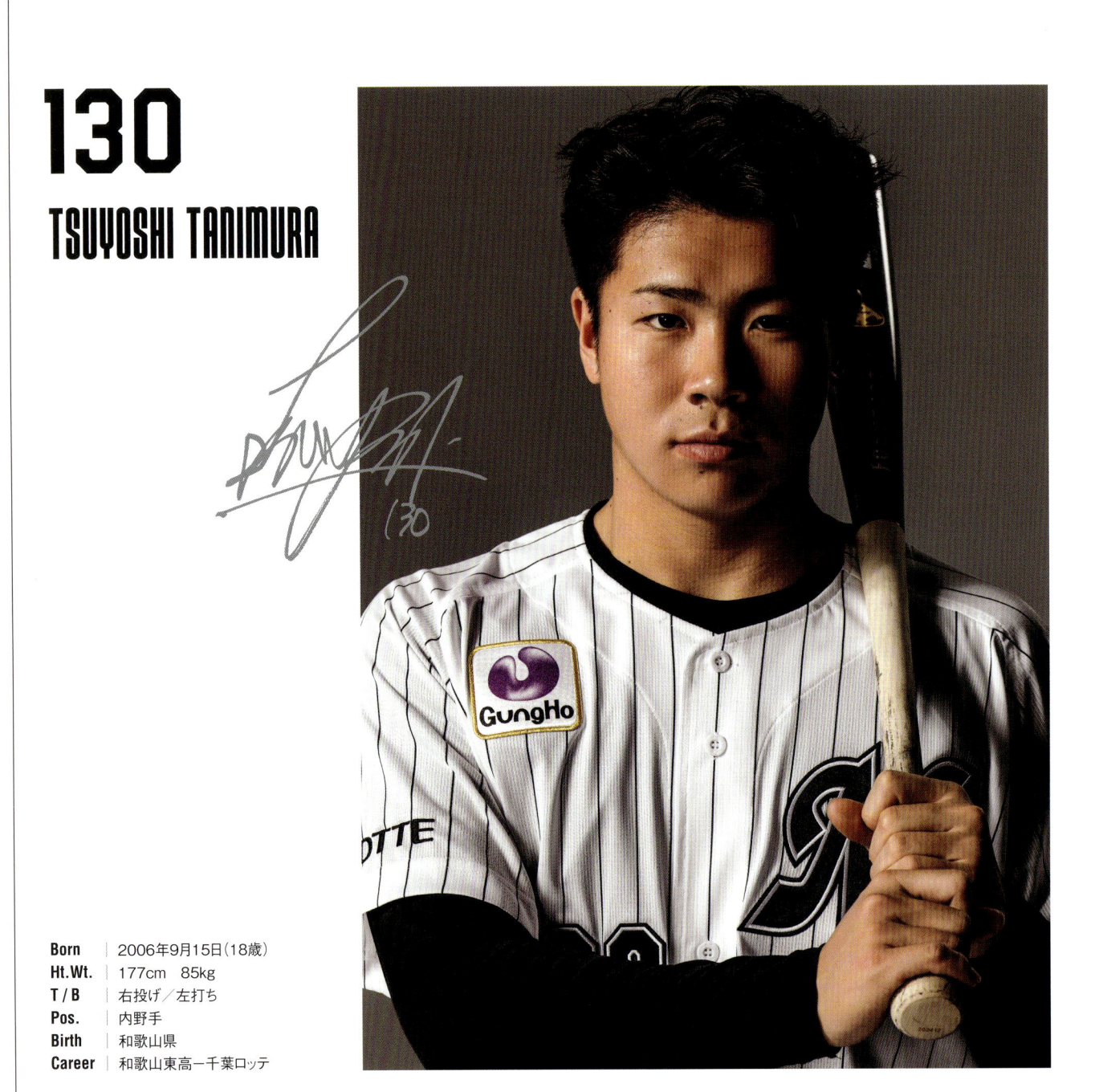

Born	2006年9月15日(18歳)
Ht.Wt.	177cm　85kg
T / B	右投げ／左打ち
Pos.	内野手
Birth	和歌山県
Career	和歌山東高一千葉ロッテ

INFIELDER

谷村 剛

ピンストライプを着る。

力強さと意志を秘めたヒットメイカー

　打撃が持ち味の内野手。「どんなピッチャー相手でも、恐れず初球から力強いスイングができる。その持ち味を、プロの世界でも発揮して頑張りたい」と意気込む。高校3年間で「力強くスイングすることを心がけながら、コンタクト力も向上させてきた」とバットを振り込み、広角に長打を打ち、打率も残せる打者へと成長。将来の目標は「プロ野球初の4割打者になり、首位打者を獲ること」。マリーンズの中心打者を目指す。

　吉井監督とは同郷であり、中学の先輩でもある。「偉大な吉井監督に負けないくらいの活躍ができる選手になりたい」と意欲を見せる。「伝統あるピンストライプのユニホームを着て、早く一軍の舞台で活躍したい」と、1日も早く支配下登録、一軍昇格を果たすことを目標に、さらなる鍛錬を積んでいく。

131

YUTA IBARAGI

Born | 2006年5月9日（18歳）
Ht.Wt. | 187cm　93kg
T / B | 右投げ／右打ち
Pos. | 投手
Birth | 北海道
Career | 帝京長岡高一千葉ロッテ

PITCHER

茨木佑太

闘争心あふれる強気の投球で
支配下登録をつかむ

「身長は変わっていませんが、体重は10キロ以上増え、筋肉もついた」と、高校3年間で体づくりに力を入れてきた。持ち味は闘争心。「小さいころから、常に上を目指してきました。プロの世界でも闘争心を忘れず、1日でも早く支配下登録されるように頑張ります」と決意を語る。強気の投球も、大きな武器だ。

　2学年上の兄・茨木秀俊投手はタイガースでプレー。「小中高と同じチームでプレーしていたので、一軍の舞台で投げ合いたいという気持ちが強いです」と夢を持つ。ドラフト指名時には「頑張れ！」と兄から激励を受けた。帝京長岡高時代は、ファイターズやホークスなどで活躍し、通算430試合に登板した芝草宇宙監督の指導を受けた。ドラフト指名後、「これから頑張れよと言ってもらいました」とエールをもらった。

132

KOSUKE NAGASHIMA

Born	2002年7月5日（22歳）
Ht.Wt.	187cm　92kg
T / B	右投げ／右打ち
Pos.	投手
Birth	栃木県
Career	佐野日大高－富士大－千葉ロッテ

PITCHER

長島幸佑

多彩な球種で打者を打ち取り
信頼される投手に成長したい

　ストレートとフォークを軸にしつつ、「芯をずらして、当てさせたくないときはカーブやフォーク、落差の大きい球で勝負しています」と、多彩な球種で、打者の的を絞らせないピッチングスタイルを確立している。大学時代を振り返り、「1、2年は辛抱のシーズンでしたが、3、4年と登板機会が増え、先発を任されることもありました。4年間の努力が報われました」と語る。「長島が出てきて負けたらしょうがない」と思ってもらえるような、信頼される投手を目指す。

　昨年10月のドラフト会議では、富士大から6人の選手が指名され、そのうち4人が支配下での指名だった。「切磋琢磨してきた同期と一軍で対戦できるよう、追いつけ、追い越せの精神でやっていきたい」。育成選手としてのスタートだが、結果を残して支配下登録を勝ち取る覚悟だ。

期待を超える感動と最良の一日を

HOTEL METROPOLITAN SENDAI JR-EAST

ホテルメトロポリタン仙台
〒980-8477 仙台市青葉区中央1丁目1-1 022-268-2525

HOTEL METROPOLITAN SENDAI EAST JR-EAST

ホテルメトロポリタン仙台イースト
〒980-8487 仙台市青葉区中央1丁目1-1 022-302-3373

120

FUKI TANAKA

Born	2003年8月23日（21歳）
Ht.Wt.	180cm 75kg
T / B	右投げ／右打ち
Pos.	投手
Birth	北海道
Career	旭川実業高―千葉ロッテ

PITCHER

田中楓基

理想の体と持ち球を手にして
一軍のマウンドに上がる

　ストレートと2種類のスライダーを武器に持ち、状況に応じて縦に落としたり横に曲げたりと、変幻自在に投げ分ける。横に曲がるスライダーは、速くて小さく変化するボールを理想としている。プロ入り後は体づくりに励み、2年目にして目標だった80キロを達成。昨年のオフシーズンには85キロに到達し、着実にプロの体を作り上げている。今季から活躍の場を移した、2学年先輩の佐々木朗希投手（ドジャース）に可愛がられ、昨年の契約更改は、成人祝いにもらった革靴を履いて臨んだ。技術面でもフォークの感覚を教わるなど、先輩から学びを得た。

　昨年6月にはZOZOマリンスタジアムでの一軍練習に参加し、「本拠地で練習するのはいいなと思いました」と充実した時間を過ごした。迎えた4年目の今季、二軍で結果を残し、一軍のマウンドに上がってみせる。

121
FUMIYA MOTOMAE

Born	1997年10月2日（27歳）
Ht.Wt.	176cm　82kg
T / B	左投げ／左打ち
Pos.	投手
Birth	北海道
Career	札幌光星高ー北翔大ー千葉ロッテ

PITCHER

本前郁也

声援を力に変えて。
思いを背負った復活のシーズン

　キレのあるストレートで高い奪三振率を誇る左腕。昨年2月のイーグルスとの練習試合で左腕を負傷し、手術を受けることになり、今季から育成契約に切り替わった。プロ入り時も育成選手で、背番号は「120」。今季は「121」を背負い、再び支配下選手を目指す立場となった。チームは左投手が不足している。まずはしっかりとケガを治して、再びマウンドへあがれば、その先に支配下登録、そして一軍が見えてくる。
　「投げていないからですけど、左肩の可動域が人生で一番いい状態。これはすごい球が投げられるかもしれないと思えている」と、本人は前向きに語り、短い距離でのスローイングを再開している。ケガに際しては多くの人からあたたかい言葉をもらった。応援してくれる声に応えるためにも、マウンドで元気な姿を見せたい。

122

RYOTARO MORI

Born	1999年4月22日（25歳）
Ht.Wt.	180cm　87kg
T / B	右投げ／左打ち
Pos.	投手
Birth	宮崎県
Career	都城商高ー千葉ロッテ

PITCHER

森 遼大朗

支配下復帰に向けて。
先輩に続くためにも歩みをとめない

　昨年5月に手術を受けた影響で、昨季は登板がなく、今季から育成契約となった。もともと育成契約でキャリアをスタートした森は、2021年にイースタン・リーグでトップの10勝を挙げ、オフに支配下選手を勝ち取った実績がある。入団年や経緯はちがうが、本前と同様に支配下を目指す道を再び歩むこととなった。森が行った手術は通称「トミー・ジョン手術」と呼ばれる肘の手術で、チーム内では西野、種市、澤田と、同手術から復活を遂げた事例が多い。先輩たちに続き、自身も復活を遂げて、2023年に挙げた初勝利以来の、一軍での勝利を手にしたい。

　得意のフォークは、美馬に教わって以来、投球を支える球種のひとつとなり、ストンと落ちるタイプからスピードのあるスプリット系へと進化した。復帰後、どんなフォークを投げるのか注目だ。

123
SEIUN AKIYAMA

Born	2003年4月29日（21歳）
Ht.Wt.	174cm　80kg
T / B	左投げ／左打ち
Pos.	投手
Birth	千葉県
Career	二松学舎大付属高ー千葉ロッテ

PITCHER

秋山正雲

ストレートにこだわる左腕
活躍を続ける同世代に負けない

　2021年のドラ4左腕。今季からは育成選手として、再出発を図る。プロ入り以来一貫して、ストレートにこだわって、強さを求めている。そのなかで特に意識しているのは、ファウルを奪えるかどうか。チェンジアップの精度も高く、「理想に近づいてきている」と手応えがあり、ストレートとの組み合わせが大きな武器になると考えている。

　寮生活では一軍の試合をチェックし、対戦相手よりも、「自分が考えていることや意識していることを、一軍の投手陣ならどう対応するのか」という視点で、マリーンズの投手陣を中心に見ている。1学年先輩の中森、1学年下の田中晴也ら、同世代が一軍のマウンドに上がる姿に刺激を受けている。「競争のなかで学ぶことが多い」と話し、ライバルであり、お互いを高め合う存在。負けずに成長することで、道が拓けるはずだ。

124

RYOTA NAKAMURA

Born	1998年5月18日（26歳）
Ht.Wt.	182cm　79kg
T / B	右投げ／右打ち
Pos.	投手
Birth	千葉県
Career	千葉経済大附高－東京農業大 北海道オホーツク－ソフトバンク －千葉ロッテ

PITCHER

中村亮太

新天地での活躍が恩返し
地元に戻り再び腕を振る

　今季、ホークスからマリーンズへやってきた右腕。カーブとシンカーを武器に「カウント球としても決め球としても生かし、結果を出していきたい」と意欲を見せる。カーブについては「石川（柊太）さんのようなカーブを投げられるよう、毎日練習しています」とのこと。「お世話になったホークスへの恩を、他球団で頑張る姿を見せることで返したい」と、新天地での活躍を誓う。

　「地元に戻ってこられてうれしい」。千葉県四街道市出身で、両親がZOZOマリンスタジアム内の売店『ほそや』で、お弁当を販売している。「手伝いはしていませんが、学生時代にマリンへ試合を観に行くこともありました。今はないですが、芋豚弁当が好きでしたね」と懐かしむ。「支配下に上がって、いつかはプロデュース弁当を販売したい」と目標を掲げた。

125
KIRATO NAGASHIMADA

Born	2003年11月30日(21歳)
Ht.Wt.	182cm　90kg
T / B	右投げ／右打ち
Pos.	投手
Birth	神奈川県
Career	立花学園高ー千葉ロッテ

PITCHER

永島田輝斗

着々と強みを伸ばす速球派
安定感を増して信頼をつかみとる

　昨季は、二軍で初登板から6試合連続自責点0と好スタートを切り、4月27日のオイシックス戦ではセーブをマーク。プロ入りからの2年間は制球に苦しんだが、昨季は四球で崩れることが減った。安定した制球力の裏には、ハンドボールを使ったトレーニングがある。「体を使って前に投げる動作を毎日続けたおかげで、下半身と上半身の連動や、リリースのタイミングをつかめた」と話す。

　バッテリーを組んだ柿沼も「別人のようにいい球を投げている」と評価し、永島田自身も「フォームが安定してきて、力強い球を投げ込めている」と好感触。球速も年々アップしており、ストレートの力強さが魅力。「1イニングでも安心して任せてもらえるようなピッチングをしたい」と意気込む。シーズンを通じて安定感を示せば、戦力としての期待が高まる。

127

YUTO YOSHIKAWA

Born	2005年3月14日（20歳）
Ht.Wt.	185cm　82kg
T / B	左投げ／左打ち
Pos.	投手
Birth	埼玉県
Career	浦和麗明高ー千葉ロッテ

PITCHER

吉川悠斗

若き大型左腕
確かな分析をもとに成長を実感

　プロ1年目は体づくりが中心だったが、昨季は先発とリリーフの両方を経験し、16試合で29回1/3を投げ、シーズン終了後には、オーストラリアのウインターリーグにも参加した。ストレートは、球速以上の強さを感じさせる。「下半身の出力を意識して、できるだけ体力を使わずに強い球を投げるイメージ」と語る。「上で使いたくなるピッチングをしないと、支配下には上がれない」と自覚し、結果にこだわる。

　自身を客観視し、打たれた原因や課題を分析するタイプ。プロ1年目の初登板についても「同じ打者に10球ほど粘られ、あとひと伸び、もうひと押し足りない感じがあった。球の威力を上げて、当てられないボールを投げる必要がある」と振り返る。一方で、「空振りを取る力と、コントロールがよくなった。目に見える数値で変化が出てきた」と成長も実感している。

129

RUI KATSUMATA

Born	2004年10月7日（20歳）
Ht.Wt.	188cm　78kg
T／B	右投げ／右打ち
Pos.	内野手
Birth	静岡県
Career	富士宮東高―千葉ロッテ

INFIELDER

勝又琉偉

力強い打撃でポジションをつかむ
身長188センチの大型遊撃手

　昨年の秋季練習では、「力強いバッティング、率を上げられるバッティングを目指しています。守備も課題が多いので、基礎からしっかり取り組んで、ひとつずつ改善したい」と課題を持って臨んだ。全体練習後には、1時間以上にわたり、三木亮二軍コーチとマンツーマンで特守を実施。「ボールへの入り方、送球までのステップ、特に足の使い方を意識してやっています」と守備力向上に努めた。シーズンオフは中村奨吾、上田らと自主トレに励み、将来的に大型遊撃手になることを目標に、鍛錬を続ける。

　1年目は、ショートで二軍最多の66試合に出場したが、昨季は20試合の出場にとどまり、後輩の松石が106試合に出場。「松石に負けて、悔しい気持ちはありました」と唇を噛む。支配下登録、そしてポジションを争うライバルとの競争が激化するなか、今季は先輩としての意地を見せたい。

133

RYOTA TAKEUCHI

Born	2005年10月25日（19歳）
Ht.Wt.	184cm　84kg
T / B	右投げ／右打ち
Pos.	投手
Birth	大分県
Career	星稜高－千葉ロッテ

PITCHER

武内涼太

同期とはお互い高め合いたい。
自分なりの速度で進む未来への道

　昨季は1年間で体重を8キロ増やしたことで、ストレートの最速は154キロにアップ。「すぐに投げられる状態というより、3年後、5年後を見据えています」と、長期的な視点で体づくりに励んでいる。まだ発展途上で、今季もさらなる球速アップが期待されるが、「球速にもこだわりたいですが、プロは結果が求められる」と、ストレートの質にもこだわっていく。変化球は、カーブとフォークを中心に磨きをかけていく考えだ。

　昨季は2024年同期入団の木村、早坂が先にデビューし、自身のファーム公式戦初登板は9月と出遅れた。しかし、「人はそれぞれちがいますし、僕は僕。もちろん競争意識はありますけど、お互い高め合いながら気づき合える関係です」と、自分自身にフォーカスしている。焦らず着実に自分の道を進み、いつの日か一軍の舞台で、同期と競い合いたい。

134
SHINYA MATSUISHI

Born	2005年12月18日（19歳）
Ht.Wt.	175cm　75kg
T / B	右投げ／右打ち
Pos.	内野手
Birth	佐賀県
Career	藤蔭高ー千葉ロッテ

INFIELDER

松石信八

タフなルーキーイヤーを戦い抜き、
攻守ともに成長した姿を見せる

　昨季は高卒新人ながら、1年間ファームで戦い抜き、運動量が求められる遊撃手のポジションで106試合に出場。試合に出続けるための準備や体力の大切さを痛感した。二軍でのシーズン打率は.207だったが、タイミングの取り方やトップの作り方など、打撃コーチから指導を受けて継続した結果、フレッシュオールスター明けの打率は.276まで向上した。「小技を使える選手にならないと生きていけない」と考え、犠打の精度にもこだわり、昨季イースタン・リーグトップとなる18犠打を記録した。

　守備面では小坂守備コーディネーターからマンツーマン指導を受け、ポジショニングが改善。センターへ抜けそうな打球をアウトにできる場面が増えた。「アナリストや小坂さんのアドバイスのおかげ。毎日一緒に練習してきた成果」と感謝を口にする。今季は攻守で成長した姿を見せたい。

135

HIKARU KOHNO

Born	2004年6月17日（20歳）
Ht.Wt.	187cm　93kg
T／B	右投げ／右打ち
Pos.	外野手
Birth	兵庫県
Career	池田高―富山GRNサンダーバーズ
	―千葉ロッテ

OUTFIELDER

髙野光海

満塁本塁打デビューの持ってる男
大先輩から継承した技術で魅せる

　「少ないチャンスのなかで打ててよかった」。プロ初スタメンとなった8月7日のイースタン・リーグライオンズ戦で放ったプロ初安打が満塁本塁打という離れ業だった。昨季を振り返り、「スイングスピードや、打球速度はまあまあだったので、そこは収穫」と手応えを感じている。

　チームメイトからは「どうのこうの」と呼ばれている。名付け親は、独特なネーミングセンスを持つ大下。呼ばれるたびに「ああだこうだ」と返すのが、お決まりのやり取りのようだ。

　昨季限りで現役を引退した右の長距離砲・井上晴哉さんから「バッティング練習で、アウトコースのボールを逆方向に打つコツを教わりました」と技術を継承した。今季は「試合に出て結果を残し、支配下登録を勝ち取るのが目標。しっかりやっていきたい」と力強く話す。

136

KAZUKI FUJITA

Born	2005年11月4日（19歳）
Ht.Wt.	185cm　82kg
T / B	右投げ／左打ち
Pos.	外野手
Birth	山口県
Career	延岡学園高ー千葉ロッテ

OUTFIELDER

藤田和樹

課題と向き合った1年
今季はフル出場で3割を目指す

　1年目の昨季は春先に安打を量産していたものの、「たまたまのヒットが多かった」と振り返り、「試行錯誤しながら練習しても、結果が出ないのが悔しかった」と、満足することなく課題に向き合った。打撃では下半身の使い方、バットの出し方を意識して取り組んだ。外野守備については「外野を始めてまだ日が浅いですが、最初は全然捕れなかった打球も追いつけるようになってきた」と成長を実感した。

　「体重は90キロぐらいほしい。ウエイトトレーニングや管理栄養士の方の指導のおかげで、体づくりはしっかりできた」と体も大きく成長。1年間を戦って「休むことの大切さを学んだ」とケアへの意識も高まった。今季の目標は「二軍でしっかり1年間フル出場すること。昨季は不甲斐ない打率だったので、今季は3割」と意気込む。

137

KONOSHIN TOMIYAMA

Born	2005年9月18日（19歳）
Ht.Wt.	181cm　70kg
T / B	右投げ／右打ち
Pos.	捕手
Birth	大阪府
Career	会津北嶺高－千葉ロッテ

CATCHER

富山紘之進

試合に出て課題を洗い出す。
まずはアピールして出場機会を増やす

　プロ1年目の昨季は、試合出場こそ少なかったが「出るたびに課題が見つかり、そこを克服することを意識した」と振り返る。強肩が売りの捕手ながら、「盗塁阻止ではまだまだ課題があり、思っているように投げられていない」と反省する一方で、「ブロッキングや二塁送球は、だんだんレベルが上がっていった」と手応えを感じている。

　オフの日は「行き先はバラバラですが、外を歩くのが好きですね」と話し、同級生の寺地や松石と出かけることもあるという。息抜きしつつも、「寮に帰ってから一軍の試合もチェックしますが、まずは二軍の試合を振り返り、自分ならどう配球するかを考えたり、キャッチャー同士で話し合ったりしています」と、努力を欠かさない。2年目の今季は、攻守両面でアピールしながら、出場機会を増やしていきたい。

138

ANDY MARTIN

Born	2000年10月14日(24歳)
Ht.Wt.	188cm　95kg
T / B	右投げ／右打ち
Pos.	外野手
Birth	キューバ共和国
Career	ハイアイリア・シニア高－ダイアーズバーグ・ステート・コミュニティ大－ティグレス・デ・カルタヘナー茨城アストロプラネッツ－千葉ロッテ

OUTFIELDER

アンディ・マーティン

兄のように愛される選手に。
闘志あふれるプレーを誓う

「グラウンドに立ったら、100％やり抜くプレーヤー。そういう姿を見せたいです」と語るように、闘志あふれるプレーが魅力の選手だ。キューバのチームで17歳までプレーし、アメリカの高校・大学、コロンビアのウインターリーグを経て、昨季は独立リーグのBC・茨城に所属し、シーズン途中からマリーンズに加入。初安打・初盗塁を記録したのは、一軍本拠地のZOZOマリンスタジアムでの二軍戦だった。「以前、試合観戦で来たことがあるんです。そのときはスタンドからでしたが、兄・レオネスと同じ場所で自分も試合に出られたことが、すごくうれしいです」と喜んだ。

　兄からは「グラウンドでは、自分の力を100％出し切れば大丈夫」とアドバイスをもらった。全力を出し切るスタイルは共通している。マリーンズを愛し、ファンから愛された兄のように、印象深い活躍を一軍で見せたい。

139

ERWIN PALACIOS

Born	2004年3月19日（21歳）
Ht.Wt.	184cm　82kg
T / B	右投げ／右打ち
Pos.	投手
Birth	ベネズエラ
Career	ウニダ・エドゥカティーバ・ベルトレリス高ー千葉ロッテ

PITCHER

エルウィン・パラシオス

力のある速球が魅力
可能性を秘めたベネズエラの原石

「プロとしての目標は、日々成長し、支配下登録を勝ち取って一軍のマウンドに立つこと」。そのためには、まず支配下選手としての契約をつかむ必要がある。

　2004年早生まれのパラシオスは、松川や秋山、田中楓基、永島田と同学年。同じ育成枠の3投手とは、互いに刺激し合うライバルとなる。吉井監督は「スピードがあるので、細かいコントロール力がつけば面白い存在」と期待を寄せる。日本の印象について「教育熱心で規律があり、トレーニング環境も非常に優れている国」と語り、日本の規律や慣習を学びながら、プロフェッショナルな選手になるべく鍛錬を積む。出身国のベネズエラは、現役時代マリーンズで活躍したホセ・フローレス国際スカウトの出身国。同氏のようにタフなピッチングを異国の地で見せつけたい。

140

STIVEN ACEVEDO

Born	2002年8月2日（22歳）
Ht.Wt.	195cm　104kg
T／B	右投げ／右打ち
Pos.	外野手
Birth	ドミニカ共和国
Career	コレヒオ・マラナタ・デ・ドニャ・グラ ディス校―ボルティモア・オリオー ルズ傘下―千葉ロッテ

OUTFIELDER

スティベン・アセベド

常にベストを尽くして戦う。
活躍を誓うパワーヒッター

「技術・フィジカルの両面を強化して、チームの戦力として活躍するため
に、常にベストを尽くす」という目標を掲げ、「日本の投手は非常にレベル
が高い。そのなかで結果を残せるよう努力していきます」と決意を語った。
　同じ右投げ右打ちの外野手には、ドラフト1位の西川、昨季ファームで
本塁打・打点の二冠王に輝いた山本大斗がいる。出身国はそれぞれちがう
が、年齢が少し上のマーティンがお兄さん的な存在として、パラシオスと
アセベドをチームに溶け込ませてくれている。
　入団直後には「日本でプレーできることを、とても楽しみにしています」
と話しており、吉井監督も「スイングスピードが速く、パワーがあります。
確実性が上がれば楽しみ」と話す。打撃を伸ばすことで支配下への道が拓
けるはずだ。活躍してジャパニーズドリームをつかんでみせる。

TEAM STAFF
チームスタッフ

監督
81 MASATO YOSHII
吉井理人
Born 1965年4月20日　Birth 和歌山県
Career 箕島高－近鉄（'84〜'94）－ヤクルト（'95〜'97）－MLBメッツ（'98〜'99）－ロッキーズ（'00）－エクスポズ（'01〜'02）－オリックス（'03〜'07途中）－千葉ロッテ（'07途中〜'07終了）－北海道日本ハム（コーチ'08〜'12）－福岡ソフトバンク（コーチ'15）－北海道日本ハム（コーチ'16〜'18）－千葉ロッテ（コーチ'19〜'21、ピッチングコーディネーター'22）

一軍投手コーチ

71 YOSHINORI TATEYAMA
建山義紀
Born 1975年12月26日　Birth 大阪府
Career 東海大仰星高－甲賀総合科学専門学校－松下電器－日本ハム／北海道日本ハム（'99〜'10）－レンジャーズ（'11〜'13途中）－ヤンキース（'13途中〜'14途中）－阪神（'14途中〜'14）－北海道日本ハム（コーチ'23〜'24）

一軍投手コーチ

84 TOMOHIRO KUROKI
黒木知宏
Born 1973年12月13日　Birth 宮崎県
Career 延岡学園高－新王子製紙春日井－千葉ロッテ（'95〜'07）－北海道日本ハム（コーチ'13〜'17）

一軍チーフ打撃コーチ兼走塁コーチ

80 AKIRA OHTSUKA
大塚明
Born 1975年4月28日　Birth 大分県
Career 別府羽室台高－千葉ロッテ（'94〜'10,コーチ'11〜）

一軍打撃コーチ

77 KENTA KURIHARA
栗原健太
Born 1982年1月8日　Birth 山形県
Career 日大山形高－広島（'00〜'15）－楽天（'16　コーチ'17〜'19）－中日（コーチ'20〜'21）－楽天（スカウト'22）

一軍バッテリーコーチ

76 NAOYA EMURA
江村直也
Born 1992年5月6日　Birth 広島県
Career 大阪桐蔭高（甲）－千葉ロッテ（'11〜,コーチ'24〜）

一軍戦略コーチ

88 MAKOTO KANEKO
金子誠
Born 1975年11月8日　Birth 千葉県
Career 常総学院高－日本ハム・北海道日本ハム（'94〜'14、コーチ'15〜'22）

一軍内野守備兼走塁コーチ

87 SHUNICHI NEMOTO
根元俊一
Born 1983年7月8日　Birth 東京都
Career 花咲徳栄高（甲）－東北福祉大－千葉ロッテ（'06〜'18,コーチ'19〜）

一軍外野守備兼走塁コーチ

74 SHOTA ISHIMINE
伊志嶺翔大
Born 1988年5月12日　Birth 沖縄県
Career 沖縄尚学高（甲）－東海大－千葉ロッテ（'11〜'19,コーチ'20〜）

一・二軍統括コーチ兼
球団本部一・二軍統括コーディネーター

90 HIDEKAZU MITSUYAMA
光山英和
Born 1965年11月20日　Birth 大阪府
Career 上宮高－近鉄（'84〜'96）－中日（'97〜'99途中）－巨人（'99途中〜'00）－千葉ロッテ（'01）－横浜（'02）－韓国・ロッテ（'03）－NOMOベースボールクラブ－埼玉西武（コーチ'11〜'13）－横浜DeNA（コーチ'16〜'18）－楽天（コーチ'19〜'22）

二軍監督兼統括打撃コーチ

86 SABURO(SABURO OHMURA)
サブロー（大村三郎）
Born 1976年6月1日　Birth 岡山県
Career PL学園高ー千葉ロッテ（'95～'11途中）ー巨人（'11途中～'11終了）ー千葉ロッテ（'12～'16）ー楽天（ファームディレクター '20～'21、スカウティングアドバイザー '22）

二軍チーフ投手コーチ

89 TOMOKAZU OHKA
大家友和
Born 1976年3月18日　Birth 京都府　Career 京都成章高ー横浜（'94～'98）ーレッドソックス（'99～'01）ーエクスポズ/ナショナルズ（'01～'05）ーブルワーズ（'05～'06）ーブルージェイズ（'07途中）ーカージナルス（'07途中）ーマリナーズ（'07）ーホワイトソックス（'08）ーインディアンス（'09）ーメキシカンリーグ タイガース（'10）ー横浜（'10～'11）ー富山サンダーバーズ（'13）ーブルージェイズ（'14途中）ー米国独立リーグ（'14）ー富山GRNサンダーバーズ（'15）ー福島ホープス（'15～'16）ーオリオールズ（'17）ーOBC高島（コーチ '17）ー横浜DeNA（コーチ '18～'23）

二軍投手コーチ

78 KENJI OHTONARI
大隣憲司
Born 1984年11月19日　Birth 京都府
Career 京都学園高ー近畿大ーソフトバンク（'07～'17）ー千葉ロッテ（'18,コーチ '19～）

二軍投手コーチ

79 TAKAHIRO MATSUNAGA
松永昂大
Born 1988年4月16日　Birth 香川県
Career 高松商高ー関西国際大ー大阪ガスー千葉ロッテ（'13～'22,コーチ '23～）

育成投手コーチ兼二軍投手コーチ

85 MASAKI MINAMI
南 昌輝
Born 1989年1月18日　Birth 和歌山県
Career 県立和歌山商業高ー立正大ー千葉ロッテ（'11～'21、プロスカウト担当 '22～'24）

二軍打撃コーチ

75 KOICHI HORI
堀 幸一
Born 1969年4月2日　Birth 長崎県
Career 長崎海星高（甲）ー千葉ロッテ（'88～'10,コーチ '13～）

二軍打撃コーチ

82 KEI HOSOYA
細谷 圭
Born 1988年1月17日　Birth 群馬県
Career 太田市立商高ー千葉ロッテ（'06～'20）ー富山GRNサンダーバーズ（コーチ '21～'24）

二軍バッテリーコーチ

73 TAKESHI KANAZAWA
金澤 岳
Born 1984年5月5日　Birth 栃木県
Career 矢板中央高ー千葉ロッテ（'03～,コーチ '19～）

二軍内野守備兼走塁コーチ

72 RYO MIKI
三木 亮
Born 1991年10月25日　Birth 大阪府
Career 遊学館高ー上武大ー千葉ロッテ（'14～,コーチ '24～）

二軍外野守備コーチ

83 KENJI MOROZUMI
諸積兼司
Born 1969年5月29日　Birth 福島県
Career 学法石川高ー法政大ー日立製作所ー千葉ロッテ（'94～'06,コーチ '07～'10,調査担当 '11～'12,スカウト '13～'17,コーチ '18～）

MASCOT & *M☆Splash!!*

マーくん

平和主義で優しい男の子。いつもみんなを
楽しませることに夢中。お調子者なとこ
ろもあり、たまーに怒られることも……。
MBTIはENFJ（主人公：人を助け励ます
優しいリーダー）。「みんなで笑うために、
勝つために、いっぱい応援しよう！」

リーンちゃん

マーくんのガールフレンド。しっかり者でみんな
をまとめてくれるお姉さん。おとぼけ男子2人に
鋭いツッコミを入れるのが日常。MBTIはISTJ（管
理者：責任感をもって業務を遂行する）。「今シー
ズンも一緒にZOZOマリンスタジアムで楽しも
うね♪(^◇^)/」

ズーちゃん

マーくんの弟。天真爛漫なあざとボーイ。
おっちょこちょいな一面も愛される、みん
なの弟ポジ。MBTIはENFP（運動家：円
滑なコミュニケーションが得意）。「みんな
のすきなおかし、おしえてほしいな〜！」

M☆Splash!!

昨季20周年を迎えた「M☆Splash!!」。今季は、新規加入メンバー13名を加えた23名で活動。
歴代初となる複数パターンのデザインを採用した衣装で、個性が共存しながらチームとして結束する姿を見せる。
※★の数が在籍年数

YUKA (リーダー)
2018年入団
千葉県船橋市

YUKI (サブリーダー)
2023年入団
千葉県千葉市

HIKARU (サブリーダー)
2024年入団
愛知県名古屋市

KONOMI
2024年入団
千葉県千葉市

SORA
2022年入団
千葉県船橋市

HONOKA
2023年入団
滋賀県東近江市

HONO
2025年入団
大阪府豊中市

REI
2025年入団
千葉県千葉市

MIKU
2024年入団
東京都町田市

HATSUNE
2025年入団
静岡県三島市

RIRI
2024年入団
愛知県海部郡

AIKA
2025年入団
愛知県東海市

MIZUKI
2025年入団
愛知県武豊町

YU-KA
2025年入団
静岡県浜松市

TAE
2024年入団
大阪府和泉市

FUYU
2022年入団
千葉県千葉市

AKANE
2025年入団
千葉県千葉市

MAO
2025年入団
神奈川県茅ヶ崎市

MARIN
2025年入団
千葉県船橋市

TSUKI
2025年入団
東京都江戸川区

HINANO
2025年入団
岐阜県岐阜市

RENA
2025年入団
奈良県桜井市

YUWA
2025年入団
千葉県東金市

2025 HOME UNIFORM

30

OUR OWN PINSTRIPES
SINCE 1995

2025
VISITOR UNIFORM

BUY NOW

2025 NEO CLASSIC EDITION UNIFORM

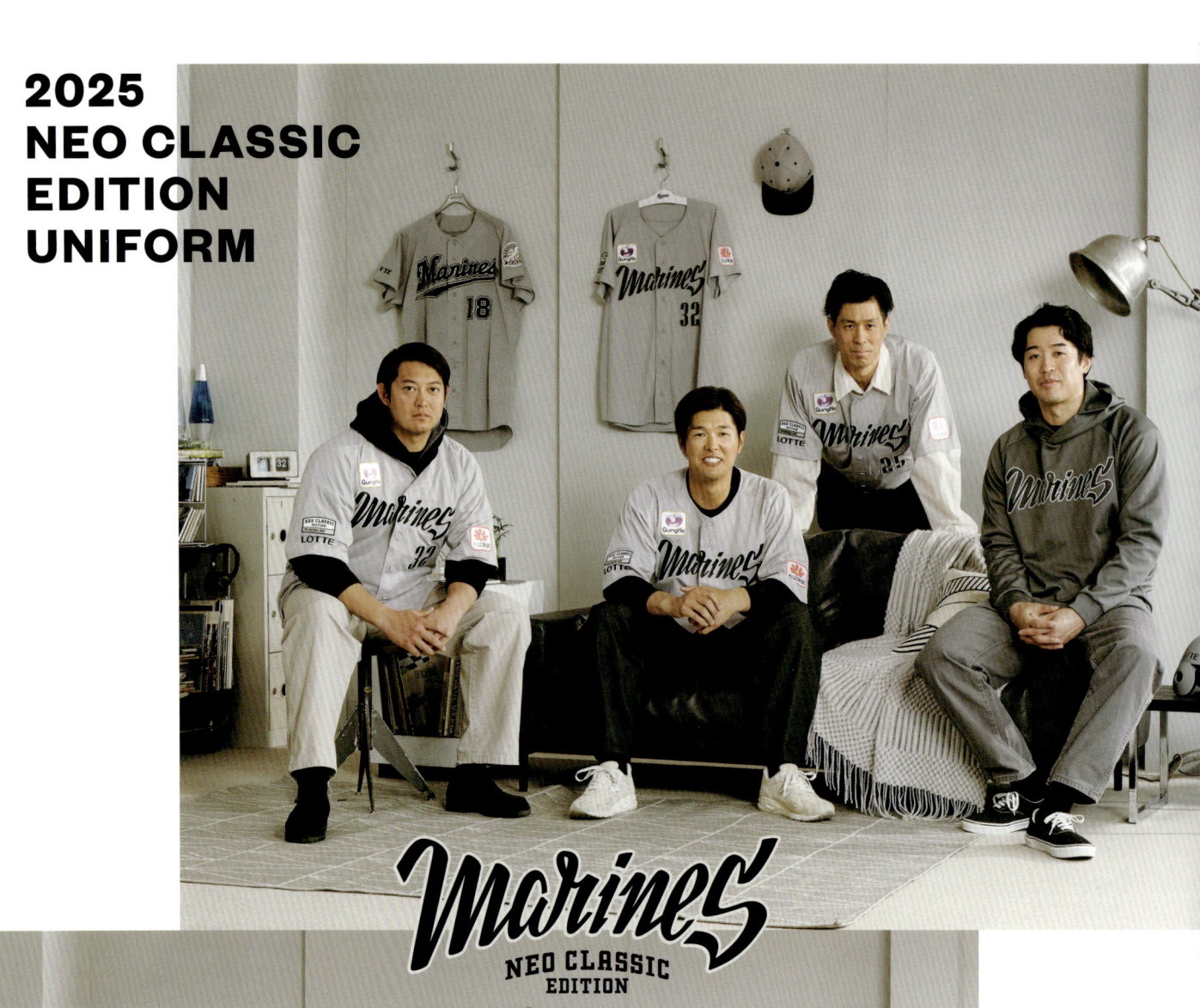

Marines
NEO CLASSIC EDITION

BUY NOW

GAME SCHEDULE 2025
公式日程表

3・4

Mon	Tue	Wed	Thu	Fri	Sat	Sun
3/24	25	26	27	28 18:30 みずほPayPay	29 14:00 みずほPayPay	30 13:00 みずほPayPay
31	4/1 18:30 ZOZOマリン	2 14:00 ZOZOマリン	3 14:00 ZOZOマリン	4 18:00 ZOZOマリン	5 14:00 ZOZOマリン	6 14:00 ZOZOマリン
7	8 18:00 ベルーナドーム	9 県営大宮	10	11 18:00 ZOZOマリン	12 14:00 ZOZOマリン	13 14:00 ZOZOマリン
14	15 18:00 ZOZOマリン	16 ZOZOマリン	17	18 楽天モバイルパーク	19 16:00 楽天モバイルパーク	20 楽天モバイルパーク
21	22 18:00 ZOZOマリン	23 18:00 ZOZOマリン	24	25 エスコンフィールド	26 14:00 エスコンフィールド	27 13:00 エスコンフィールド
28	29 13:00 京セラD大阪	30 18:00 京セラD大阪				

5

Mon	Tue	Wed	Thu	Fri	Sat	Sun
			1	2 18:00 みずほPayPay	3 14:00 みずほPayPay	4 13:00 みずほPayPay
5 15:00 ZOZOマリン	6 14:00 ZOZOマリン	7 18:00 ZOZOマリン	8	9 18:00 県営大宮	10 18:00 ベルーナドーム	11 14:00 ベルーナドーム
12	13 13:00 楽天モバイルパーク	14 楽天モバイルパーク	15 東京ドーム	16 18:00 ZOZOマリン	17 14:00 ZOZOマリン	18 14:00 ZOZOマリン
19	20 18:00 京セラD大阪	21 京セラD大阪	22 京セラD大阪	23 18:00 ZOZOマリン	24 14:00 ZOZOマリン	25 14:00 ZOZOマリン
26	27 18:00 ZOZOマリン	28 18:00 ZOZOマリン	29	30 18:00 エスコンフィールド	31 14:00 エスコンフィールド	

6

Mon	Tue	Wed	Thu	Fri	Sat	Sun
						1 13:00 エスコンフィールド
2	3 18:00 ZOZOマリン	4 18:00 ZOZOマリン	5 18:00 ZOZOマリン	6 バンテリンドーム	7 14:00 バンテリンドーム	8 13:30 バンテリンドーム
9	10 18:00 ZOZOマリン	11 18:00 ZOZOマリン	12 18:00 ZOZOマリン	13 ZOZOマリン	14 14:00 ZOZOマリン	15 14:00 ZOZOマリン
16 予備日 ZOZOマリン	17 18:00 甲子園	18 甲子園	19 甲子園	20 横浜	21 14:00 横浜	22 14:00 横浜
23	24	25	26	27 ZOZOマリン	28 ZOZOマリン	29 17:00 ZOZOマリン
30						

7

Mon	Tue	Wed	Thu	Fri	Sat	Sun
	1 18:00 楽天モバイルパーク	2 18:00 楽天モバイルパーク	3	4 18:00 ほっと神戸	5 18:00 ほっと神戸	6 14:00 京セラD大阪
7	8 18:00 ZOZOマリン	9 18:00 ZOZOマリン	10	11 18:00 ZOZOマリン	12 18:00 ZOZOマリン	13 17:00 ZOZOマリン
14	15 18:00 みずほPayPay	16 みずほPayPay	17 18:00 北九州	18	19 18:00 ZOZOマリン	20 18:00 ZOZOマリン
21 17:00 ZOZOマリン	22	23	24	25	26 18:00 エスコンフィールド	27 14:00 エスコンフィールド
28	29 18:00 ZOZOマリン	30 18:00 ZOZOマリン	31 18:30 東京ドーム			

8

Mon	Tue	Wed	Thu	Fri	Sat	Sun
				1 18:00 ベルーナドーム	2 18:00 ベルーナドーム	3 17:00 ベルーナドーム
4	5 18:00 ZOZOマリン	6 18:00 ZOZOマリン	7 18:00 ZOZOマリン	8	9 18:00 ZOZOマリン	10 18:00 ZOZOマリン
11 17:00 ZOZOマリン	12	13 18:00 エスコンフィールド	14 18:00 エスコンフィールド	15 18:00 みずほPayPay	16 14:00 みずほPayPay	17 13:00 みずほPayPay
18	19 18:00 ZOZOマリン	20 18:00 ZOZOマリン	21 18:00 ZOZOマリン	22 18:00 ZOZOマリン	23 18:00 ZOZOマリン	24 17:00 ZOZOマリン
25	26 18:00 京セラD大阪	27 18:00 ほっと神戸	28	29 18:00 ZOZOマリン	30 18:00 ZOZOマリン	31 16:00 ZOZOマリン

9

Mon	Tue	Wed	Thu	Fri	Sat	Sun
1	2 18:00 ZOZOマリン	3 18:00 ZOZOマリン	4 18:00 ZOZOマリン	5 18:00 ベルーナドーム	6 17:00 ベルーナドーム	7 18:00 ベルーナドーム
8	9 18:00 ZOZOマリン	10	11 18:00 ZOZOマリン	12 18:00 楽天モバイルパーク	13 14:00 楽天モバイルパーク	14 13:00 楽天モバイルパーク
15 13:00 楽天モバイルパーク	16 18:00 京セラD大阪	17 18:00 京セラD大阪	18 18:00 ZOZOマリン	19	20 エスコンフィールド	21 エスコンフィールド
22 14:00 エスコンフィールド	23 18:00 ZOZOマリン	24 18:00 ZOZOマリン	25 18:00 京セラD大阪	26	27 ZOZOマリン	28 17:00 ZOZOマリン
29 18:00 ベルーナドーム	30					

10

Mon	Tue	Wed	Thu	Fri	Sat	Sun
		1	2	3	4	5
6	7	8	9	10	11 CSパ ファースト	12
13	14	15	16	17	18 CSパ ファイナル	19
20	21	22	23	24	25 日本シリーズ	26
27	28 日本シリーズ	29	30	31	11/1 日本シリーズ	11/2

CHIBA LOTTE MARINES OFFICIAL FANBOOK 2025

Published on: April 22 2025

Production Supervisor: CHIBA LOTTE MARINES

Editorial Lead: Anna Togashi(CHIBA LOTTE MARINES)

Photography: Nobuyuki Enishi[Portraits and Play Shots], Natsuko Kato[Play Shots] and Takuji Hasegawa[Play Shots]

Photography assistant: Urumi Chiba

Retouch: DAIICHI SEIHAN Co.,Ltd.

Hair & Make-Up: Asuka Izawa, Eri Morita, Konatsu and Sayaka Takei [Portraits]

Text: Hidenobu Murase[Interview] and Yuta Iwashita[Players File]

Design: Naoki Igarashi(DAI-ART PLANNING)

Publisher:303BOOKS

MTG11F 1-3, NAKASE, MIHAMA-KU, CHIBA-SHI, CHIBA, 261-8501

TEL 043-321-8001 / FAX 043-380-1190

https://303books.jp/

Printed by: SHINANO co.,ltd.